Introducción
al culto

Introducción al culto

La liturgia como obra del pueblo

Isaías A. Rodríguez

ABINGDON PRESS / Nashville

INTRODUCCIÓN AL CULTO
LA LITURGIA COMO OBRA DEL PUEBLO

ISBN 0-687-49570-9

Contenido

TERCERA PARTE
El contenido litúrgico

Prólogo

Es para mí un gran honor y grato placer presentar este libro del Reverendo Isaías A. Rodríguez, publicado juntamente por la Asociación para la Educación Teológica Hispana (AETH) y la casa Abingdon. Junto con esta presentación van también mis parabienes y mi gratitud, en nombre de toda nuestra comunidad latina, por un trabajo bien hecho.

Además, y en el nombre de toda nuestra comunidad, vaya también una sincera expresión de nuestra gratitud al Reverendo Canon Daniel Caballero, quien dirige la Oficina de Ministerio Hispano de la Iglesia Episcopal. Gracias a que siempre ha apoyado nuestros proyectos con entusiasmo, este libro se publica mediante un donativo de la Sociedad Misionera de esa denominación.

Quizá la mejor manera de presentar y, al mismo tiempo, recomendar la lectura y el uso de este libro sea llamar nuestra atención hacia la etimología de algunas palabras que son claves para nuestra adoración: *liturgia*, *servicio* y *culto*.

En primer lugar, debemos comenzar diciendo que, para algunos cristianos de tradición evangélica, la *liturgia* es una palabra poco usada y hasta sospechosa. Para estas personas, eso de «liturgia» huele a formalismo, a adoración mecánica o hasta «enlatada». A veces hasta se habla de otras iglesias como «litúrgicas», como si quien dijese eso no tuviera o practicara la liturgia, o como si para tener una liturgia fuera necesario tener un libro de oraciones escritas, con instrucciones precisas para cada participante, y con lo que no se dejaría lugar alguno a «la libertad del Espíritu».

Sin embargo, como bien dice el subtítulo de este libro, la liturgia es «la obra del pueblo». Esto resulta claro de su etimología, que se deriva de las palabras griegas *laós*, pueblo, y *érgon*, «obra» o «trabajo». Por lo tanto, la *leitourgía* era el servicio o trabajo público. Así se usaba esa palabra en Egipto desde tres siglos antes del advenimiento del cristianismo. En aquella tierra, por largos siglos se había acostumbrado obligar a las personas a dedicar cierto número de días al año a las obras públicas. Fue así que se construyeron las famosas pirámides y todas las grandes maravillas del Egipto antiguo. Cuando, tres siglos antes del nacimiento de nuestro Señor, Egipto fue conquistado por Alejandro, y se impuso el uso del griego, se le dio el nombre de *leitourgía* a esa obligación de servicio público. Así pues, la *leitourgía* se refería a dos realidades entrelazadas. En primer lugar era la obligación que tenía cada individuo, cada miembro del *laós*, de trabajar para el bien público, o para lo que decían que era el bien público quienes estaban al frente del estado. Y también era la obra misma: la carretera, el canal, el dique o la pirámide que se construía, y que era la «obra del pueblo».

De ahí fue que la palabra *leitourgía* entró al uso bíblico cuando los judíos que vivieron en Egipto tradujeron sus Escrituras al griego. En esa traducción, llamada la *Septuaginta,* el servicio que los sacerdotes ofrecían ante el altar se traducía como *leitourgía*. Y era así, no porque se tratara de un ritual fijo, sino porque tras el sacerdote estaba todo el pueblo, y lo que ocurría en el altar era acción del pueblo y para el pueblo. Puesto que la Septuaginta fue la Biblia que usó la mayoría de los primeros cristianos, no ha de sorprendernos el que le dieran el nombre de *leitourgía* a lo que hacían al adorar al Señor.

Como podemos ver, el sentido propio del término *liturgia* nada tiene que ver con la cantidad de formalidad, ni con cuánto se siguen ciertas instrucciones estrictas, ni con la presencia o la falta de espontaneidad en la adoración. Al referirnos a la adoración como «liturgia», sencillamente estamos diciendo que es la obra del pueblo ante Dios y con Dios. Si desmenuzamos esto un poco, veremos con mayor claridad algunos aspectos esenciales de la adoración cristiana.

En primer lugar, como la antigua *leitourgía* que se les prestaba a los faraones de Egipto, la liturgia cristiana es una actividad obligatoria, no opcional. Un egipcio no podía sencillamente decir: «no me gusta ese proyecto, y no voy a trabajar en él». De la misma manera, rendirle culto a Dios no es una actividad opcional, o para cuando nos parezca, o para cuando no tengamos otra cosa mejor que hacer. Por eso algunas de las antiguas oraciones de la iglesia se refieren a la adoración como «nuestro deber y obligado servicio».

¿Alguna vez se ha preguntado por qué en muchas de nuestras iglesias hablamos, por ejemplo, del «*servicio* de las once»? Una vez que entendemos el sentido de la palabra *liturgia*, vemos que *servicio* se refiere a lo mismo. Los antiguos egipcios tenían que prestarle servicio a los faraones. Salvando las enormes diferencias, los creyentes tenemos que prestarle servicio a Dios, y parte de ello es lo que llamamos el *servicio de adoración*. Y, ya que estamos en etimologías, recuerde que *servicio* viene de *siervo*. Todos somos siervos de Dios, y parte de nuestro «deber y obligado servicio» es precisamente adorarle a través de lo que llamamos *liturgia*.

En segundo lugar, la *liturgia* es obra del *laós*, del pueblo. No es algo privado. En el culto nadie se está relacionando de manera privada y solitaria con Dios. Al realizar una obra pública, nadie hace solamente lo que le parece. No se reúnen todos con sus herramientas, para que cada quien cave o construya donde le parezca. No. Más bien hay una obra común en la que todos deben participar. Por ejemplo, si se reúnen para construir una carretera, unos cavan, otros acarrean materiales, otros miden; pero todos trabajan en la misma carretera. De la misma manera, la adoración es obra de todo el pueblo. No nos reunimos para que cada quien haga lo que le parezca. Nos reunimos porque somos un pueblo, un *laós*, con un propósito, con un plan, con una obra que construir. Es por esto que la participación del pueblo cristiano en la liturgia es tan importante. Esa participación puede tomar formas muy diversas. En la iglesia antigua, frecuentemente se daba mediante la repetición de palabras e himnos memorizados. Esto se sigue haciendo hoy en algunas iglesias. Pero esa participación también puede darse por gestos como alzar las manos, la señal de la cruz, ir al frente, de canciones e himnos impresos o proyectados electrónicamente, de respuestas espontáneas, y muchas otras más. La forma es de importancia secundaria. Lo importante es que todos participen (como en aquel antiguo Egipto donde nadie participaba de la liturgia solamente mirando o comentando, sino que el trabajo era de todos).

En tercer lugar, aunque la obra de la liturgia es para el pueblo, al mismo tiempo trasciende al pueblo mismo que la realiza. Cuando decimos, por ejemplo, que una carretera es una «obra pública», estamos diciendo dos cosas. Por una parte, estamos diciendo que está siendo construida por miembros del público (igual que en el antiguo Egipto la construcción de un canal era hecha por obreros obligados por su *leitourgía*). Por otra parte, también estamos diciendo que es una obra nacional, que trasciende al público que la construye. Aquel canal en Egipto no era exclusivamente para el provecho único de quienes lo construían. Posiblemente llevaría agua a varios kilómetros de distancia para regar algunas tierras. De la misma forma, la liturgia no es solamente para quienes están allí presentes en ese momento. La liturgia —la adoración a Dios— es en nombre de todo el pueblo de Dios, y dondequiera que esté. Cuando nos reunimos a adorar, en cierto modo nos congregamos con toda esa muchedumbre cuyas oraciones se elevan al cielo como incienso (Ap. 8:4). O, como dice la antiquísima introducción al himno que proclama a Dios tres veces santo, «por tanto con ángeles y arcángeles, y con toda la compañía en los cielos [o, según otro uso, 'así pues, con la iglesia en la tierra y con los coros celestiales'] alabamos tu nombre y nos unimos al himno eterno, Santo, Santo, Santo...» En el culto no estamos solos. En cierto modo representamos a toda esa enorme multitud que nadie puede contar, «de todas naciones, tribus, pueblos y lenguas» (Ap. 7:9).

En cuarto y último lugar, es importante recordar, respecto al sentido de la *liturgia*, que en su servicio a Dios lo que el pueblo construye o realiza no es su propia obra. Más bien, lo que hacemos es unirnos a la obra de Dios. Pensemos de nuevo en aquellos egipcios cavando un canal. Lo que estaban haciendo era unirse a un diseño total para llevar agua a donde hacía falta. Para ello no tenían que entender todo el diseño. No tenían que saber qué curso tomaría cada sección del canal. Pero sí tenían que saber que había un plan maestro, y que el propósito de ese plan era llevar agua a la tierra que estaba seca. De la misma manera, lo que hacemos en la adoración no es solamente alabar a Dios —lo que sin lugar a dudas es de importancia primordial— o escuchar lo que Dios quiera decirnos, lo cual también es imprescindible. Lo que también hacemos es unirnos a la obra de Dios, a lo que Dios está haciendo en el mundo, a lo que Dios se propuso hacer, ha hecho y está haciendo desde aquel día en que la tierra estaba desordenada y vacía, y hasta aquel otro día en que veremos cielos nuevos y tierra nueva. En la adoración nos injertamos al plan de Dios, al igual que aquel antiguo egipcio se injertaba a los planes de su nación cada vez que se unía a quienes junto a él cavaban el canal o hacían alguna otra obra.

En resumen entonces, la adoración es *liturgia*, y por tanto es servicio debido a Dios, es obra del pueblo, pero que trasciende al pueblo allí reunido para injertarse en la gran historia de los hechos de Dios que van desde el inicio de la creación hasta el día glorioso de su culminación.

Aunque haya sido de pasada, ya hemos tratado el sentido de la palabra *servicio*, así que ahora pasemos al del *culto*. Tristemente, esta palabra también ha caído en mal uso. En inglés, se acostumbra referirse a alguna secta de costumbres y creencias extrañas como «a cult»; y de allí ese uso del término poco a poco se ha ido introduciendo en nuestra lengua, de modo que «culto» ha empezado a tener connotaciones peyorativas (de hecho, las tenía, aunque en otro sentido, cuando allá en nuestras tierras de origen a los protestantes se nos llamaba «los culteros»).

Volviendo una vez más a nuestro estudio, resulta interesante señalar la relación etimológica entre las palabras *culto*, *cultura* y *cultivo*. Si una cultura es el modo en que un grupo humano cualquiera responde a los retos de su ambiente, la *cultura* existe entre el *cultivo* —o sus congéneres posteriores, el comercio, la industria, etc.— mediante el cual se responde a las necesidades de alimentación, abrigo, etc., y el *culto*, mediante el cual se responde a la necesidad de encontrarle sentido a la vida y la muerte y, al mismo tiempo, de reconocer el misterio de la existencia. Por ello, el *culto* siempre se encarna en la *cultura*, y ésta a su vez culmina en el *culto*. Es por esto que la en*cultura*ción del *culto* y de la fe es tan importante. Sin ella, el *culto* es enajenante, es algo que proviene de otra *cultura*, no de la nuestra, y por tanto nos puede llevar a apartarnos de la vida real simbolizada en el *cultivo*, o bien imponer a esa vida realidades que no le pertenecen. Por otra parte, una *cultura* sin *culto* queda reducida a un sistema de *cultivo*, pierde su dimensión trascendental y cae en un reduccionismo en el que la producción lo es todo, y que en la actualidad conocemos como materialismo. Al mismo tiempo, un *culto* que no se relaciona con su *cultura* pierde sus raíces en la vida cotidiana del *cultivo*, de la producción, de las necesidades físicas y sociales, y se vuelve reliquia de museo, vestigio de realidades pasadas.

De lo dicho se desprenden varios puntos esenciales en cuanto al *culto*.

El primero, como ya se ha señalado, es que el verdadero *culto* se inserta en la *cultura*. Puesto que las culturas se encuentran, chocan y dialogan entre sí, una religión bien puede venir de otra cultura; pero su *culto* no se vuelve *liturgia* (en el buen sentido de la palabra), la obra del pueblo, con todas las implicaciones señaladas, hasta que no se encarne en la *cultura*, hasta en tanto que no se enculture.

El segundo punto importante respecto al *culto* es que esa enculturación no la puede hacer otro desde fuera de la *cultura* donde el *culto* se encarna. Con mucha frecuencia misioneros extranjeros han tratado de «encarnar», o de «acomodar» el evangelio para que funcione dentro de una cultura diferente. Aunque esos esfuerzos son loables, en última instancia la tarea le corresponde a quienes son miembros de esa *cultura*, a quienes viven y respiran en ella, a quienes se han formado en ella y cuyo turno llega ahora para formarla a ella. A fin de cuentas, la enculturación *cúltica* es una tarea que se realiza dentro de la *cultura* por quienes dentro de ella realizan el *cultivo*, y no desde fuera.

El tercer punto en cuanto al *culto* es que éste siempre ha de estar evolucionando, puesto que la *cultura* en que vive también está evolucionando. Ninguna *cultura* viva es estática. De igual modo, si el culto y la liturgia se vuelven estáticos, pierden su impulso y, a la postre, lo que antes pudo ser enculturación se vuelve reliquia de una cultura muerta. Esto sucede, por ejemplo, cuando las vestimentas de un momento particular de la historia se vuelven las vestimentas «oficiales» para la adoración. Es por ello que la idea de la liturgia como algo fijo, como una serie de rúbricas a seguir, como si fuera lo mismo estar en China que en Argentina, o en el siglo décimo que en el vigésimo primero, contradice el sentido mismo de lo que es el *culto*, y de lo que es la *liturgia*, que ya no sería «obra del pueblo» actual, sino repetición de lo que fue la obra del pueblo hace siglos o en otro lugar. Y es por esto que, como latinos y latinas, tenemos que estudiar la *liturgia* —tanto del pasado como del presente— para poder ser agentes activos en el desarrollo de las liturgias mediante las cuales nuestro pueblo le rendirá *culto* a Dios, y al mismo tiempo reafirmará su identidad *cultural*.

El cuarto y último punto respecto al *culto* es que, aunque evolucione y se encarne en diversas circunstancias, existe cierto orden que le da sentido y movimiento. En esto, el *culto* se relaciona con el *cultivo*. Al cultivar un campo, aunque pueda hacerse de diversas maneras, éste tiene su orden natural, y hay que seguirlo. Primero hay que arar, luego sembrar, regar, desyerbar, y por fin cosechar. Como vemos, cultivar tiene orden y dirección: desde el momento de arar y hasta el de segar. Siempre es posible añadir o cambiar algo en ese proceso según las circunstancias; pero el movimiento es el mismo. Además de arar, siempre se puede «cruzar», es decir, arar en dirección perpendicular a la anterior. Y para arar se pueden usar bueyes, mulos o tractores. Según la cultura varía, el cultivo también cambia; pero siempre hay un orden esencial, un movimiento cronológico, un arar antes de sembrar, y sembrar antes de segar.

Esto quiere decir que el *culto* no es una serie de actividades entrelazadas por el capricho de quien dirige, o para guardar el equilibrio entre el canto, los gestos, las palabras y los otros elementos del culto. El culto no es como un programa de variedades en la televisión. El culto es un proceso, un movimiento con el que quienes adoran se acercan a Dios, contemplan la gloria divina, confiesan sus pecados, reciben el perdón divino, escuchan la Palabra de Dios, y responden a ella. El orden en que se coloquen estos y otros elementos dirá mucho acerca del modo en que entendemos la fe y la vida cristiana.

Por todo ello, al leer el presente libro, invitamos a que vean en él no una serie de prescripciones acerca de qué formulas, o qué gestos, o qué palabras se han de usar en el culto, sino a considerar sus propias prácticas cultuales, a ver en ellas la liturgia, el proceso mediante el cual el pueblo de Dios se une a la obra de Dios, y para que vean que lo que pueden parecer formas muy diferentes, frecuentemente llevan el mismo sentido. Así, por ejemplo, en algunas de nuestras iglesias se dice: «El Señor sea con vosotros», a lo que la congregación responde «y con tu espíritu». Esto puede sonarle extraño a quien no esté acostumbrado a tales fórmulas. Pero, en última instancia, ¿en qué difiere eso de un culto en el que quien dirige dice: «Buenos días; que Dios les bendiga», a lo que la congregación responde: «Buenos días; que Dios le bendiga»? En algún lugar se puede decir: «Elevad los corazones», mientras que en otro la fórmula es «Hermanos, levantemos las manos en alabanza al Señor».

Leído de esa manera, buscando cómo el Señor de las Edades nos invita a serle fiel en esta edad, a rendirle *culto* en medio de nuestra *cultura*, presentándole y ofreciéndole todos los productos de nuestro *cultivo*, este libro puede ser de gran bendición para la iglesia hispana toda, tanto la que dice «El Señor sea con vosotros» como la que grita «¡Aleluya!». Todos tenemos la mano puesta en el arado para unir a nuestro pueblo a la gran obra que Dios está haciendo. Y eso, a fin de cuentas, es la *liturgia*.

Justo L. González
Decatur, GA
julio del 2004

Introducción

$\mathcal{E}$sta obra no pretende ser más de lo que el título anuncia: una introducción. No se trata, al modo corriente, de «presentar» a alguien por fuera y superficialmente, sino de introducirlo en el interior del asunto. Al mismo tiempo que hemos querido superar toda superficialidad, hemos intentado evitar los temas controvertidos. Eso lo dejamos para un trabajo ulterior de investigación y de profundización del tema. Sería gratificante que a partir de la lectura de este trabajo el lector se sintiera acuciado por la curiosidad y se animara a seguir indagando la cuestión litúrgica.

La literatura sobre el tema es abundante. Sobre todo proliferó a partir de los años sesenta del siglo ido. El material contenido en este libro es más que suficiente para tener una visión general de cómo se desarrolló el culto en la historia de la Iglesia, los altibajos y vaivenes que sufrió y los intentos de remedio que se han ofrecido.

En la segunda mitad del siglo pasado, el estudio de la liturgia adquirió prominencia especial. Así que pasó de mantenerse, en cierto modo olvidada, a ser considerada como el centro focal de toda la teología. Ahora nos damos cuenta de que a ella están ligadas otras disciplinas eclesiásticas como la pastoral, la espiritualidad, el dogma o estudio de las verdades fundamentales cristianas, la cristología, la eclesiología, y otras más. De tal manera que al tratar de la liturgia apenas se puede obviar el tocar, al menos tangencialmente, alguna de esas otras disciplinas teológicas. Así sucede en esta obra, pero tan pronto como nos hemos percatado de ello, hemos seguido caminando, a pesar nuestro, dejando el asunto para las disciplinas mencionadas.

Que el estudio de la liturgia se haya convertido en el centro de la teología nos parece lo más acertado. La praxis cristiana no emerge de las aulas teológicas, de la enseñanza dominical, o de los estudios concienzudos de los teólogos, sino todo lo contrario. Es la praxis cúltica cristiana la que provoca la reflexión, el ajuste, la mejora o la enmienda. El tan mencionado dicho, *lex orandi lex credendi*, se cumple totalmente aquí. De la oración surge la fe. Es la práctica religiosa de la adoración y del culto la que al final de cuentas determina la fe del creyente y, por extensión, de la Iglesia toda.

Esta *Introducción al culto* quisiera ser válida para todo el mundo. Su intención es ecuménica. Somos conscientes de que tanto en el pasado, como en la actualidad, no se da uniformidad cúltica en la Iglesia universal de Dios. El mismo Nuevo Testamento da pie a una extensa variedad de expresiones de culto. Siempre han existido diferencias, pequeñas o grandes, entre la práctica litúrgica oriental y la occidental. Incluso después de la uniformidad impuesta por Roma en el siglo XI, en el mismo Occidente existieron familias de liturgias con peculiaridades propias. A partir de la Reforma y de la Contrarreforma se incrementaron esas divergencias, y las subdivisiones no han cesado de multiplicarse. Según un artículo aparecido en 1998 en *Christian History*, hay más o menos 11,000 diferentes denominaciones pentecostales o carismáticas en todo el mundo. De acuerdo con la *World Christian Encyclopedia* hay 34,000 grupos diferentes de cristianos, más de la mitad de los cuales son independientes y no tienen interés alguno en asociarse con las grandes confesiones cristianas. Así pues, esto hace prácticamente imposible hablar de una *Introducción al culto* válida para todos. Tampoco lo pretendemos. Sin embargo, así como el conocimiento de la historia de los pueblos sirve para tener una visión de conjunto sobre la evolución de la humanidad, de la misma manera esta «introducción» puede valer para comparar el pasado con el presente y entonces ver dónde nos encontramos nosotros, quienquiera que seamos, en el campo de la adoración cúltica.

A pesar de lo dicho arriba, en los últimos años las confesiones cristianas han encontrado puntos de convergencia. A ello han contribuido, de manera decisiva, el descubrimiento de documentos primitivos que han iluminado tanto el pasado como el presente. Asimismo han ayudado los estudios ecuménicos realizados por personas de buena voluntad y deseosas de encontrar la verdad por encima de cualquier ideología. El paso de cristianos de unas confesiones a otras también ha contribuido a efectuar cambios, reajustes y reflexiones que tienden a ser más inclusivas. Todavía se sigue pensando que «los demás» siguen actuando como siempre, cuando esto no es cierto. Las cosas han cambiado.

En su libro *El culto cristiano*, Juan Varela afirma: «Muchos cristianos evangélicos tenemos que redescubrir la historia y aprender a leerla desde la objetividad y no desde el prejuicio». Por eso, invito al lector a que se acerque a esta *Introducción* sin prejuicios y sin obligaciones, pero sí deseoso de ver cómo sucedieron las cosas, cómo se están realizando, y cómo, en caso de que así se requiera, pudieran mejorarse en el futuro. Los cristianos tenemos que comprender que el mayor enemigo que tenemos no es «la otra confesión cristiana», sino el secularismo ateo que avanza rápidamente y deja vacíos los templos. Paradójicamente, ese mismo secularismo también se presenta como la mayor oportunidad misionera en la historia de la Iglesia. Se calcula que sólo en Estados Unidos hay unos cien millones de personas sin afiliación religiosa alguna.

Nada ofende tanto como una crítica carente de objetividad. Con frecuencia criticamos actitudes de otras confesiones sin pensar en nuestras propias costumbres. No nos vemos a nosotros mismos. En esos casos, es necesario que un observador imparcial nos arranque la viga que tenemos en el ojo. En su obra *Worship as Pastoral Care*, William H. Willimon critica al clero protestante que miraba con desdén el emocionalismo del evangelista de carpa, cuando ahora ellos mismos, a veces, convierten el templo en un circo con bailes, payasos, dramas, globitos, diapositivas, documentales, y toda clase de manipulaciones para intentar sacar a la gente de su indolencia. Se trata de trucos publicitarios de última moda y que pasan sin dejar huella. «Corrupciones que no están en la Biblia», dicen unos, para luego sin darse cuenta ni pensarlo, caer ellos mismos víctimas de una corrupción semejante. Todo acto cúltico que no esté motivado por un auténtico sentido de adoración, deja de serlo.

El lema de la renovación litúrgica siempre ha sido *recuperar el hacer primitivo*. La intención es loable; a todos nos gustaría acercarnos lo más posible a la misma fuente del culto divino: a Jesús, para observar cómo actuaba. Por eso es necesario hacer aquí una advertencia muy clara, preguntándonos: ¿acaso Jesús actuaría hoy de la misma forma en que se condujo hace dos mil años? Jesús fue hijo de una cultura y vivió de acuerdo a ella. Esto hay que tenerlo en cuenta a la hora de hacer decisiones que resulten intransigentes. Un estudio atento de la historia nos demuestra que la liturgia evolucionó y se transformó motivada por cambios culturales. De hecho, podríamos decir que si todo cambio tiene una razón de ser en su tiempo, esa mejora saludable –si nos dormimos– puede degenerar en algo equivocado. Más aún, siempre hemos de preguntarnos, ¿cuál fue la práctica primitiva? Porque pudiera ser que hoy nosotros, y creyendo haber rechazado todas las innovaciones medievales, sin darnos cuenta todavía las estemos practicando. Así sucede, como veremos, en el caso de las vestiduras eclesiásticas.

Los cambios culturales influyen poderosamente en la práctica litúrgica. Pongamos un ejemplo. En los primeros años del cristianismo, los bautizos se celebraban en la Vigilia pascual de Resurrección. Eso era posible en comunidades pequeñas. Conforme el cristianismo creció se permitió bautizar los domingos. Durante la Edad Media esto degeneró en bautizar en cualquier día. Esto era tan caótico que fue necesario dar marcha atrás. Sin embargo, en una cultura secular como en la que estamos viviendo hoy, en la que el humilde ha de trabajar domingos y días festivos con horarios inflexibles, ¿cómo exigir que los bautizos, sin excepción, deban celebrarse el domingo? En mi ministerio he tenido casos en que los fieles, a pesar de llevar una carta mía de súplica para sus jefes, no han podido obtener libre el domingo para bautizar a sus hijos. Con frecuencia pienso que se debería obligar a todo teólogo o líder eclesiástico, empezando por la jerarquía, a trabajar durante dos años consecutivos en restaurantes, hoteles, fábricas, y lugares parecidos (donde el objetivo principal es el culto al dinero), para que puedan comprobar las condiciones tan duras que enfrentan muchos de los fieles. Jesús diría que el ser humano no ha sido creado para ser esclavo de la liturgia. En una sociedad agraria, donde uno dispone de abundante tiempo, es fácil ir a la iglesia. De niño, en mi pequeño pueblo que tenía un estilo de vida medieval, la población entera podía ir a misa todos los días por la mañana y al rosario por la tarde. En aquellos tiempos y lugares, sin diversión alguna, el culto en la iglesia rompía la monótona rutina del día.

Ya hemos mencionado que las formas y tradiciones cúlticas se multiplicaron a través de la historia. Aquí sería imposible mencionarlas siquiera someramente a todas. Precisamente por ello sólo hemos seleccionado y expuesto las tradiciones y costumbres más cercanas al origen hispano. Por ejemplo, hacemos referencia al aporte hispano para la liturgia, mencionando el rito *mozárabe*; en el *Libro de Oración Común*, anglicano, resaltamos las influencias hispanas; y más tarde, al tratar los sacramentales, describimos costumbres como la ceremonia para la quinceañera, la de los tres años, las posadas y las pastorelas, que son de tradición latina. Al hablar de las reformas del siglo XVI, nos hemos detenido algo más al mencionar el *Libro de Oración Común* porque, de una manera u otra, ha influido en varias confesiones cristianas.

Esta *Introducción* tiene una estructura sencilla y clara dividida en cuatro partes. En la primera se dilucidan asuntos de interés general relacionados con la adoración. La segunda ofrece una visión histórica sobre la evolución del culto hasta nuestros días. En la tercera nos detenemos en el contenido litúrgico, sacramentos, sacramentales y la palabra de Dios. Finalmente, en la cuarta, tratamos el entorno cultural en dos dimensiones (tiempo y espacio): santificación del tiempo y ambientación del culto por medio del espacio, mobiliario, colores, sonidos, vestiduras, y otros elementos similares.

Sería una gran satisfacción que este libro ayudara al lector a tener una visión más diáfana de la adoración tal como se ha desarrollado a través de la historia; y también una idea de cuál es la situación actual.

Finalmente, quiero agradecer a Norma Ramos, de la iglesia bautista, y Daniel Dávila, Director de la Asociación para la Educación Teológica Hispana, por la ayuda que brindaron para realizar esta obra. También quiero agradecer a Víctor Ruiz, editor de *CAMINOS*, por la revisión que hizo del castellano. Sobre todo, quiero agradecer a Justo L. González por ofrecerme el proyecto del libro y por todas las sugerencias que hizo después de leer el manuscrito.

PRIMERA PARTE

Generalidades

Los temas que tocamos a continuación son de sumo interés porque, en cierto modo, ambientan y enfocan todo el libro. Sin entender bien lo que aquí se dice, no se podrán comprender los acontecimientos cúlticos de la historia de la liturgia. Hay que tener claridad en algunos conceptos básicos para poder enjuiciar todo lo demás.

Capítulo 1
Definiciones básicas

A. El culto divino

Desde tiempo inmemorial, y en todos los lugares de la tierra, los pueblos han ofrecido culto a la divinidad. El ser humano primitivo, que vivía apegado a la tierra, daba culto a fenómenos atmosféricos, cuerpos celestes y terrestres. No es raro encontrar amuletos, altares, bloques de piedra, o árboles sagrados que son testimonio del culto ofrecido a lo alto. En aquellas formas primitivas de adoración se expresaba el deseo de agradar a la única divinidad que todavía no habían descubierto. A medida que el ser humano progresó, ese deseo de mantenerse relacionado con un poder superior, fraguó en las grandes religiones históricas: judaísmo, cristianismo, islamismo, budismo, hinduismo. Monumentales construcciones arquitectónicas existentes como templos, sinagogas, iglesias, basílicas, pirámides y pagodas, hacen referencia a esas religiones.

La palabra *culto* —de origen latino— significa, honrar, venerar, cultivar una relación. El culto es la expresión y manifestación concreta de esa relación fundamental entre el ser humano y la divinidad. El culto contiene actos internos y externos mediante los cuales se realiza esa relación. Al mismo tiempo, esta relación brota del conocimiento del ser humano como criatura respecto a la divinidad.

Según lo dicho arriba, se podría hablar de un culto «natural» (el ofrecido por las religiones primitivas), y un culto «revelado» (que aparece en las escrituras sagradas de varias de las religiones históricas). Algunas de las religiones reveladas han aceptado modos de expresión de las religiones primitivas, los han perfeccionado y les han dado una dimensión más profunda.

Así pues, entre los elementos fundamentales del culto se pueden mencionar la actitud de sumisión, la adoración, la entrega y dedicación, el encuentro con Dios y la propia respuesta, así como las reacciones emocionales ante lo «tremendo» y «fascinante» de lo sagrado. Estos elementos adquieren formas concretas y específicas en cada religión. En todo culto también se da una dimensión individual y comunitaria.

B. El servicio litúrgico

Un término, quizá usado más hoy día, es el de *liturgia*. De procedencia griega, esta palabra significa «obra del pueblo» en general. En un principio no se le dio especificación alguna, pero más tarde comenzó a representar la obra que el pueblo realizaba en favor de la sociedad. Así, *liturgia,* en su sentido clásico, comenzó a interpretarse como un servicio público. Cuando este servicio afectaba a la esfera religiosa, la liturgia se refería al culto oficial dado a los dioses.

En la versión griega de la Biblia, o Septuaginta, el término *liturgia* aparece unas 500 veces, y designa el servicio de los sacerdotes y levitas en el templo. En el Nuevo Testamento, el término se encuentra en las diferentes acepciones mencionadas: servicio público, con el sentido sacerdotal y levítico del Antiguo Testamento (Lc. 1:23; Heb. 8:2,6; 9:21; 10:11); en el sentido de culto espiritual (Ro. 15:16; Flp. 2:17); y en el sentido de culto comunitario cristiano (Hch. 13:2). Sin embargo, este término no tuvo mucha aceptación en la historia del cristianismo, y solamente volvió a reaparecer a mediados del siglo XX, cuando el movimiento litúrgico lo hizo de uso corriente.

Hoy se dice que los servicios de adoración son litúrgicos si aparecen revestidos de cierta cualidad formal o ambiental. Se habla del «movimiento litúrgico», como un regreso al estudio histórico del culto cristiano que conduce a la renovación del mismo. Las iglesias ortodoxas hablan de su servicio principal como la Liturgia Divina, refiriéndose especialmente a la celebración eucarística.

En sentido sencillo, *liturgia* significa lo que todos hacemos en el templo relacionado con la adoración. De esta manera, incluso aquellas confesiones cristianas que rechazan una liturgia formal, también hacen liturgia. En sentido más profundo, y siguiendo al concilio Vaticano II, «toda celebración litúrgica, por ser obra de Cristo Sacerdote y de su Cuerpo, que es la Iglesia, es acción sagrada por excelencia, cuya eficacia, con el mismo título y en el mismo grado, no la iguala ninguna otra acción de la Iglesia» (SC 7).

C. La adoración comunitaria

El ser humano, como criatura de la divinidad, se encuentra relacionado, quiera o no, con el Creador. Ese es el significado profundo y primigenio del vocablo *religión*: estar re-ligados, atados, a la divinidad. Así, podríamos decir que el ser humano es religioso por naturaleza, y establece relaciones personales e individuales con su Creador. Mas el ser humano también es sociable por naturaleza, no puede vivir sin los demás, necesita de la dimensión comunitaria para sobrevivir. Todas sus manifestaciones, ya sean intelectuales, deportivas o de culto religioso, se realizan de una manera más profunda en la comunidad. Según la historia de las religiones, en todas ellas se dan ritos de iniciación para introducir a miembros del clan, de la tribu, del pueblo, en la comunidad religiosa. En el cristianismo realizamos esto por medio del bautismo, que nos introduce al «cuerpo de Cristo», a la iglesia, a la comunidad de creyentes, o pueblo de Dios, extendido por todo el mundo. Cuando alguna persona ha realizado una profesión de fe en una comunidad religiosa que ofrece culto a Dios, esa persona ofrece un culto más auténtico y una liturgia más genuina en una celebración comunitaria y donde se participa, que en el retiro individual y personal. San Pablo decía a la iglesia de Corinto que el culto cristiano es primariamente un asunto comunitario porque manifiesta y forma el cuerpo de Cristo. Una adoración que no fortalece la comunidad no es una adoración cristiana (1 Co. 14:26).

Una desviación de esta realidad teológica acaeció en el medioevo cuando los sacerdotes celebraban la eucaristía en latín y en privado. El pueblo quedaba excluido de su «liturgia», de «su culto de adoración», y eran reducidos a meros observadores pasivos. Hoy día se pide de todos los asistentes al culto una participación más activa, más atenta, a pasar de ser meros espectadores, a co-celebrantes del acto de adoración. Más aún, debe haber una continuidad de la liturgia celebrada en el templo y la que realizamos con nuestras vidas en la sociedad. De ahí que San Pablo exhortara a los romanos a que se ofrecieran como sacrificio vivo, santo y agradable a Dios, que sus vidas fueran el verdadero culto espiritual (Ro. 12:1).

D. El simbolismo del culto

Un culto donde se participa implica no sólo palabras, sino elementos simbólicos. En todo culto hay actuación simbólica: gestos, colores, sonidos, objetos, movimientos. El simbolismo del culto trata de mostrar, de cierta manera, el misterio divino que es irrepresentable.

El origen del símbolo se encuentra en la capacidad que tiene el ser humano para relacionar las realidades visibles con su propio mundo interior, y en la necesidad de recurrir a formas sensoriales para expresar ciertas experiencias que de otro modo no lograría representar. Todas las religiones han usado símbolos para tratar de representar el poder divino que de alguna manera encontraban en la naturaleza. Así pues, el universo, la luz, la noche, el agua, el viento, el fuego, el árbol, no fueron más que huellas que mostraban la grandeza divina. San Pablo mismo hace referencia a esta realidad en la carta a los Romanos 1:19-20. Posteriormente, las religiones históricas incorporaron otros elementos simbólicos de los cuales se hablará con más detalle en otra sección de este libro.

Algunos autores tratan de hacer una diferencia entre *signo* y *símbolo*, pero en el pensamiento cristiano ambos términos se han venido usando indistintamente para significar lo mismo. Así se habla de los sacramentos como signos y como símbolos. En la actualidad se prefiere el término símbolo ya que resulta más gráfico para expresar el dinamismo que acompaña a todo acto de culto. Se podría decir, entonces, que símbolo es un signo con representación convencional. Por ejemplo, la cruz era un símbolo de terror en el mundo romano; sin embargo, tras el sacrificio de Jesús pasó a simbolizar salvación.

Es necesario conceder toda la importancia que se merecen a los elementos simbólicos religiosos si no queremos, como en el pasado, cometer errores inexcusables debido al afán de purificar la religión. Es verdad que en alguna época pudo darse una inflación de símbolos religiosos, pero también hay que admitir que el símbolo forma parte integrante de toda religión. En múltiples ocasiones Jesús se sirvió de gestos y elementos simbólicos, por ejemplo: el agua, el vino, el pan, el barro, la imposición de las manos, las bendiciones. Jesús usó gestos simbólicos de su tiempo y mundo religioso judío. Los primeros cristianos, debido a su nueva situación religiosa, tuvieron que crear otros. Por ejemplo, la viña, el buen pastor, el pez, el cordero, simbolizaban a Cristo; la paloma al Espíritu Santo; el pavo real, la vida eterna; el áncora, la cruz. El ambiente de persecución que vivieron forzó a los cristianos primitivos a usar símbolos para mantener oculta esa realidad interna que era muy valiosa para ellos.

E. Liturgia y cultura

Existe una estrecha relación entre cultura y liturgia. Propiamente hablando habría que decir que la liturgia y el culto forman parte del bagaje cultural de un pueblo. Lo que aquí queremos resaltar es que no existe un culto abstracto. Todo culto está encarnado, incorporado a un pueblo, y se manifiesta a través de él. Así, quejas de que en la Biblia no existe tal o cual práctica no dejan de ser superficiales. Jesús actúa en un medio judío, y con su vida transmite costumbres judías. Los primeros cristianos, una vez que superaron la fase judía, se vieron obligados a adoptar costumbres del mundo grecorromano. Con ello, sin embargo, no estaban adulterando su herencia judía, sino encarnando el mensaje nuevo de Jesucristo en un medio cultural que ya no era judío. Un estudio detenido de los tres primeros siglos del cristianismo nos ofrece el panorama de los cristianos lidiando con una praxis cristiana que no es diáfana desde el inicio, y manteniendo una ardua lucha para entender, interpretar y adaptar una doctrina que no fue revelada con palpable evidencia.

Durante el curso de la historia los cristianos han actuado con la misma buena intención aunque, a veces, las aguas se salían de su curso. La gente del medioevo no procedía maliciosamente al introducir nuevos modos de rendir culto a la divinidad. Al contrario, algunas prácticas no pretendían otra cosa que un acercamiento pastoral a una situación complicada o no clara en ese momento. Sin embargo, lo que pareció un bien al principio, con el correr del tiempo se adulteró y perdió su sentido original. Lo que sucedió —como hoy día también acontece— es que «el agua estancada se corrompió». Es necesario que el agua esté viva, es decir, que corra, porque es en el fluir de su curso que se purifica. El culto de un pueblo no puede estancarse, más bien ha de mantenerse vivo, fresco, para que no se descomponga, para que no se eche a perder. Por ello, no iría contra el pensamiento de Cristo adaptar su enseñanza para el siglo XXI.

F. *La adoración en las confesiones cristianas*

Como ha quedado indicado, el mismo Nuevo Testamento da pie a una variedad de prácticas de adoración. En un principio reinaba la libertad de espíritu y se adoptaron usos de la cultura existente. Para evitar abusos, sin embargo, pronto fueron surgiendo normas, se formaron leccionarios bíblicos con lecturas para cada domingo o día festivo, y sacramentarios o libros en los que se contenían los ritos para la administración de los sacramentos. Así el culto divino se estructuró de una forma detallada y meticulosa, y fue perdiendo la frescura de expresión de que gozaba en un principio. En lo que al culto se refiere, especialmente durante la Edad Media, se perdió la conexión con los primeros años del cristianismo y se le agregaron todo tipo de añadiduras al culto. Con la Reforma y la Contrarreforma hubo un intento serio de encauzar las aguas una vez más, pero no se consiguió. En parte por carecer de documentos fidedignos que describieran la práctica del cristianismo primitivo. En parte, porque se alteraron los ánimos y, tanto unos como otros, se cegaron. Los que rechazaban la tiranía del papa se volvieron ellos mismos tiranos. Los que demandaban libertad de culto y de expresión se tornaron intransigentes. A pesar de ello, se lograron algunos resultados laudables, aunque no muchos. Hoy, después de las reformas litúrgicas efectuadas en los cincuenta últimos años, hay más puntos de convergencia y comprensión, aunque la práctica todavía difiera de unas confesiones a otras.

Por ejemplo, aunque todas las confesiones cristianas admiten el sacerdocio de todos los creyentes, en casi todas ellas, sin embargo, hay un ministro, pastor o clérigo, que en definitiva es líder de la comunidad. Basados en esta doctrina del sacerdocio universal, en todas las confesiones cristianas todos participan activamente en el servicio. En todas las confesiones cristianas se admite la prioridad de la Biblia (aunque en la católico-romana oficialmente deba seguirse la interpretación del magisterio eclesiástico). Casi todas las confesiones cristianas reconocen el Credo de los Apóstoles y el Niceno, pero muchas de ellas no admiten ser definidas o descritas por algún credo o confesión; para ellas la última autoridad con relación a la adoración son las Sagradas Escrituras, y tal como las interpreta y aplica la comunidad. Todas las confesiones cristianas admiten una estructura en la liturgia, en algunas de ellas es rígida y establecida, y en otras fluye y se altera con la inspiración del Espíritu. Más en concreto, en las confesiones pentecostales, evangélicas y bautistas, nunca ha habido una liturgia fija y común; el orden de la adoración es más informal, más libre, menos estructurado. Por el contrario, en las confesiones de una tendencia más tradicional (o histórica) como la episcopal, la católica-romana, la ortodoxa y la luterana, el orden litúrgico es más formal, estructurado y ordenado.

Me parece apropiado citar a Juan Varela, un evangélico, que en su libro *El culto cristiano,* constantemente hace alarde de sinceridad y dice: «Incluso aquellos que anatematizan la liturgia en aras de los cultos libres y que la ven como algo pasado de moda y frío, celebran sus cultos con moldes litúrgicos invariables y fijos, aunque no los tengan por escrito». En resumidas cuentas, tanto en unos grupos como en otros, lo que se ha de evitar es el caos, y se ha de buscar una belleza armónica que sirva a la devoción del pueblo congregado adorando a Dios.

G. Personalidad del acto cultual

No es raro que al comparar actos de adoración entre pueblos y razas nos sintamos inclinados a enjuiciar a otros desde nuestro modo de actuar y de ser particular. Sería mejor tener presente que todo acto cultual comunitario es circunstanciado, y como tal presenta una personalidad peculiar. No es lo mismo celebrar la comunión eucarística en el campo, en una casa, en un templo pequeño de barrio, o en una catedral. Esto es válido para cualquier pueblo o raza. Los hispanos, más efusivos, apasionados e inclinados a la familiaridad, también tenemos presentes esas diferencias de lugar. Yo no me conduzco de la misma manera cuando celebro en la pequeña iglesia de barrio pobre que tengo al lado del aeropuerto de Atlanta, que cuando lo hago en la catedral de San Felipe, en la parte más rica de Atlanta. Aunque pertenezca a una confesión cristiana de gran tradición litúrgica, en la iglesia pequeña celebramos en un ambiente familiar y a veces informal; mientras que en la catedral lo hacemos de una manera más formal, ritual y solemne. Y no puede ser de otra manera, ya que no es lo mismo contar con unos treinta feligreses que con varios cientos de personas. En el último caso, si no queremos dar una impresión anárquica, el servicio ha de estar planificado con más detalle, las rúbricas o indicaciones en letra pequeña y en rojo que marcan el desarrollo de la liturgia, han de observarse de una manera más estricta. Sin embargo, en ambos casos ha de buscarse como objetivo primordial la celebración participativa comunitaria y la devoción gozosa.

En último análisis, ya se trate de un grupo pequeño o grande, tiene que haber un orden en el culto. Sin sentido de orden o dirección, el grupo terminará en una situación caótica. No se trata simplemente de cantar unos himnos y hacer unas oraciones y lecturas, sino que quien dirija la adoración tenga una visión de conjunto para que en él encajen bien todos los momentos del culto.

SEGUNDA PARTE

Una visión histórica

En esta parte daremos una visión histórica de la liturgia, sobre la forma en que se desarrollaron las prácticas de culto. Es cierto que no tenemos influencia sobre la historia (los hechos del pasado), pero ésta puede servirnos para realizar una reflexión sincera y determinar cuál será nuestra postura y actitud en el presente. ¿Seríamos lo suficientemente nobles para cambiar si descubrimos que andamos equivocados, o preferiríamos seguir siendo esclavos de una tradición no justificada?

Capítulo 2
Las fuentes y los testimonios (siglos I-II)

A. El judaísmo

En su origen el cristianismo actuó dentro de los parámetros de la religión judía. Jesucristo fue judío y actuó como tal. Sus discípulos fueron judíos y no tenían conciencia de difundir una religión nueva. Actuaban como judíos. Incluso la enseñanza innovadora de Jesús tenía raíces judías. Jesús y sus discípulos asistían al templo, a la sinagoga, y cumplían con la Ley judía. Aunque el judaísmo del primer siglo había sido influido en gran manera por la cultura griega, su trasfondo definitivo seguía siendo el Antiguo Testamento y sus idiomas básicos: el hebreo y el arameo. Fue allá por los años cuarenta del primer siglo, según los Hechos de los Apóstoles (11:26), cuando por vez primera aparece la palabra *cristiano* en la ciudad de Antioquía, aplicada a los seguidores del nuevo movimiento religioso.

Así pues, el trasfondo religioso del cristianismo fue definitivamente judío. Por lo mismo, el culto cristiano primigenio incluía muchos elementos judíos que se conservaban en el rito del bautismo, en las prácticas de iniciación, en la comida judía con múltiples oraciones de acción de gracias, en el orden ministerial y en el calendario judío. Las influencias grecorromanas en el culto cristiano todavía no habían tenido efecto.

Tres eran los centros más importantes de adoración judía cuando nació el cristianismo: el templo, la sinagoga y el hogar familiar. De todos ellos tenemos referencias en el Nuevo Testamento. Además, es probable que, cuando la comunidad judeo-cristiana era rechazada por los judíos a ultranza, al abandonar la sinagoga ahora fundaran una «sinagoga cristiana» (Hch. 19:8-10).

El cristianismo, sin embargo, pronto rebasó sus fronteras judías, y su lengua más usada llegó a ser el griego común. Esa lengua, entonces, se convirtió en el idioma más usual para el culto cristiano.

B. El Nuevo Testamento

El Nuevo Testamento nos confirma lo que está afirmado en el apartado anterior, y además menciona otras actividades cúlticas de los apóstoles. Efectivamente, el segundo capítulo del libro de los Hechos nos da una síntesis apretada de la actividad de los primeros cristianos: acudían al templo, se reunían en las casas, eran asiduos en escuchar la enseñanza de los apóstoles, asiduos en la solidaridad, la fracción del pan y las oraciones (2:42-46). Es muy probable que las oraciones indicadas fueran las observadas por los judíos: tercia, sexta y nona. Así llamadas porque santificaban los diversos momentos de la jornada.

Sin duda, «la fracción del pan» se refiere al pan y al vino tomados en recuerdo del Señor Jesús, a imitación de la comida judía acompañada de oraciones de acción de gracias. El Nuevo Testamento no nos ha transmitido ninguna de esas oraciones. Sólo contamos con las palabras bien conocidas y pronunciadas por Jesús en la Última Cena (Mt. 26:26-29; Mc. 14:22-25; Lc. 22:14-22). Sí se indica que se reunían para la fracción del pan, unas veces de noche, otras de día, y semanalmente (Hch. 20:7; 2:46; Ap. 1:10).

El Nuevo Testamento también menciona la costumbre de bautizar. A veces, la fórmula usada es trinitaria (Mt. 28:19), otras solamente se hacía «en el nombre de Jesucristo» (Hch. 2:38). El bautismo del eunuco etíope es sumamente interesante por la sencillez del relato y la profunda fe del eunuco (Hch. 8:27-40).

Por la carta de Santiago sabemos que también se practicaban servicios de curación o sanidad (5:14) y que los hermanos se confesaban unos a otros los pecados (5:16). Y por Timoteo nos damos cuenta que fue ordenado por la imposición de las manos de los ancianos (1 Tim. 4:14). Sin embargo, en ninguna parte del Nuevo Testamento se menciona algún rito para el matrimonio o para enterrar a los muertos.

C. La Didajé (año 60)

Se trata de un pequeño manual sobre la práctica primitiva del cristianismo. El título completo de la obra es: *La enseñanza del Señor a los gentiles a través de los doce apóstoles.* Hoy se le conoce comúnmente como la *Didajé.* Se desconoce el autor; la mayoría de los estudiosos colocan la fecha de composición de este documento en el año sesenta, por tanto, es más antiguo que muchos de los libros del Nuevo Testamento. Sin embargo, la recopilación total de sus partes puede que sea de fecha posterior. Describe la vida de una comunidad cristiana, probablemente situada en Siria. Gozó de gran popularidad en la iglesia primitiva.

La *Didajé* consta de dos secciones y una conclusión. La primera sección, de seis capítulos, contiene instrucción sobre el tema de «los dos caminos»: una enseñanza moral que distingue entre el camino de la vida y el camino de la muerte. La segunda sección (capítulo séptimo al quince), trata de asuntos litúrgicos: el bautismo, que debe administrarse a ser posible por inmersión o, de lo contrario, vertiendo agua tres veces; se solicita ayunar los miércoles y viernes. También se presentan dos plegarias eucarísticas de estilo primitivo, aunque en ellas no se incluye el mandato de Jesús: «Haced esto en memoria mía». De hecho no se mencionan explícitamente la muerte y resurrección de Jesús, sino más bien se da gracias «por la vida y el conocimiento que nos has revelado a través de tu hijo Jesús». Se indica un ministerio itinerante de los apóstoles y profetas, que son descritos como los sacerdotes más importantes y que pueden celebrar la eucaristía. También se menciona a obispos y diáconos, que parece van remplazando el ministerio itinerante de los apóstoles y profetas. El capítulo dieciséis es una profecía sobre el anticristo y el retorno de Cristo.

D. La primera Apología de Justino el Mártir (año 155)

Justino, nacido samaritano y convertido al cristianismo, enseñó filosofía en Éfeso y luego en Roma, donde fundó una escuela cristiana para defender el cristianismo. En *La Primera Apología*, dirigida al emperador Antonino Pío, presenta una descripción detallada de la eucaristía cristiana. La eucaristía, o comunión, se celebraba los domingos por la mañana; dirigía la ceremonia alguien descrito como «el presidente de los hermanos». Por vez primera sabemos que a la comida se anteponían lecturas de «los recuerdos de los apóstoles y escritos de los profetas». El presidente predicaba un sermón exhortando a la virtud y recitaba espontáneamente, según su habilidad, una oración de agradecimiento a Dios, «a través del nombre del Hijo y del Espíritu Santo», y el pueblo asentía diciendo: Amén.

* * * * *

Hasta estas fechas no contamos con lo que podríamos denominar «libros litúrgicos». Probablemente no hubiera ni textos escritos. Incluso las plegarias eucarísticas eran espontáneas. Los documentos existentes no pertenecen a una localidad fija. En la iglesia primitiva reinaba la variedad y se guiaban por la inspiración del Espíritu. Fue una etapa caracterizada por una gran libertad en la apropiación y creación de las formas de culto.

Siglo 1 y 2 → - Gnosticismo → Concilio de
→ empieza la Iglesia   - Marcianismo   Nicea
   a Institunacionalizarse - arianos.   Surge.

- El canon fue escrito luego de la Iglesia.

morado = Preparación
Azul

Blanco = Celebración
Dorado
Rojo
Fue
Verde = Crecimiento

Cada Domingo es ó celebramos la fiesta de la resurrección
          que Jesús vive.

Como planear un culto

1. Texto biblico

Epoca de Resureccion y vamos a celebrar bautismo y comunion

la alabanza tiene que ir dirigida al texto

ejp-   La Parabola de Lararo y el hombre rico.

fyar en el contexto-

misa: raiz mision, enviar

porq' al final se servia a la gente

Culto: accion un programa

Lyssette N. Perez   09-01-08

+ → (12 — 70   ) → ♀   Pedro
     Apost Seguidores   Pentecostales   3000 seguidores
                            Nace la   →   (hech: 2:37)
                            Iglesia

    Iglesia   Conflictos   se Convierte
 → primitiva   →   que divide   →   Cornelio
    (hech: 2:42-47)   Judios   Judio
                            Arameos griego

   Conflicto   Concilio   Col. 3:1   Sigue los
      ∧   →   de   →   Se rompe el → conflictos
 → Judios y gentiles   Jerusalen   Judaismo   con Pablo
   (Circuncion y no   (hech: 15
    Circuncidados)   ↓ solucion
                            La circuncicion no
                            era un requisito)

4511 Jones Bridge Circle, NW • Norcross, Georgia 30092
770-441-1111 • Fax: 770-416-7976 • 1-800-238-8685

Entender x medio des espiritu santo el
amor de Dios dado a Jesucristo.

Si nos equipamos mejor para responder
a nuestra vocación como pueblo de Dios.

conocer más plenamente lo que es esencial
para nuestra participación en la obra
Salvifica de Dios en el mundo.

Aquiles Mtz.   08-29-08
Biblia

palabra de Vida, proclamación de Dios

1.- Que es la biblia : palabra de Dios,
Mensaje de Salvación,   Manual de Vida,
Sabiduría y Enseñanza,
2.- Disciplina

3.- Interpretación Biblica y algunos metodos

4.- Recursos prácticos

        Preguntas Basica.

1.-Que es la biblia según la tradicion metodista.
2.- Cual es su papel o funcion (para que)
3.- Que debemos tomar en cuenta a leer o interpretar
    segun la dicciplina.

Cuantas veces Jesus habla se manifiesta en el partimiento del pan

Leer 7a. Cor. 11 (para bautizmo)

1) cernir el cuerpo de Cristo = atender a la Iglesia porque la Iglesia es el cuerpo de Cristo.

Grogorio Lopez Español nunca dijo de donde era, dedico su vida a los indijenas, siempre dijo que cristo estaba siempre con el.

Lecturas del Servicio

Exodo
1cor 11:23
Evangelio — S. Mc.

introito = frase de la biblia
(no es un canto)
ejemplo Si es el dia de las Madres decir
" honra a tu padre y tu madre "

Cosas que se deben respetar.

sacramento
texto biblico
tiempo liturgico

Justo Glez. 08/30/08

El bautismo se hace en el nombre del Padre, hijo y espiritu Santo porque el nombre es la sustancia misma. Jesucristo es jesucristo.

El valor de los sacramentos no es porquien lo ofrece

Si alguien ya fue bautizado y quiere volver a bautizarse tiene que hacer una Confesion de fe y entonces pedir los votos del re-bautismo

6 Enero Reyes Magos = (hasta ahí termina la Navidad)
* manifestacion de los gentiles
el bautizmo de Jesus, eles mi hijo amado
* las bodas de canan

* Al bautismo hay q'relacionarlo con el culto.
* hablar del compromiso que hemos adquirido con el bautismado.

4511 Jones Bridge Circle, NW • Norcross, Georgia 30092
770-441-1111 • Fax: 770-416-7976 • 1-800-238-8685

CAPÍTULO 3
Las primeras liturgias, siglos III-IV

A. *Los órdenes litúrgicos*

Eran colecciones de orientaciones prácticas sobre cómo vivir la vida cristiana en una iglesia particular. Luego eran adoptadas, en parte o en su totalidad, por otras iglesias. Estas colecciones incluían libros litúrgicos, códigos de derecho canónico y tratados de moral. La historia sobre la composición del texto de estos documentos es complicada, pues algunos sobrevivieron no como obras separadas, sino en combinación con otros, a menudo ni siquiera en la lengua original en que fueron escritos. Para añadir peso a su enseñanza, estas obras adoptaban en sus mismos títulos a un origen apostólico, a veces incluso colocando su enseñanza en labios de los mismos apóstoles. Tampoco en estas obras se incluye ninguna liturgia para el matrimonio o para los funerales. Hay algunos documentos importantes para conocer el desarrollo de las liturgias: la *Traditio Apostolica de Hipólito*, la *Didascalia*, las *Constitutiones Apostolorum* y el *Sacramentario de Serapión*.

Creemos que estas obras son sumamente interesantes por su cercanía a la práctica de los primeros discípulos y cristianos. De alguna de ellas se hablará más detalladamente, al tratar de los sacramentos. Veámoslas rápidamente.

39

B. *Traditio Apostolica (S. III)*

Atribuida al obispo Hipólito de Roma, *La Tradición Apostólica* contiene información de gran valor sobre la vida de la iglesia al principio del tercer siglo. Se puede dividir en tres partes. La primera trata de la ordenación de obispos, presbíteros y diáconos, relatando detalladamente los puntos y partes más importantes de la liturgia eucarística. También trata sobre los confesores, viudas, lectores, subdiáconos, y de la consagración de las vírgenes. La segunda parte se detiene en regulaciones que afectan a los laicos, su entrenamiento y disciplina desde la admisión al catecumenado hasta el bautismo. La tercera parte habla de la oración, de ayunos, de visitas a los enfermos, de asambleas de clérigos y de costos de los funerales.

Según algunos autores, aunque la obra refleje mayormente un ambiente romano, no quiere decir que los ritos que describe sigan la práctica romana en todo detalle. Incluso algunos piensan que Hipólito estaba describiendo una liturgia más ideal que real. Como quiera que sea, desde su redescubrimiento y crítica textual en el siglo pasado, tuvo una influencia decisiva en el movimiento litúrgico del siglo XX.

C. *La Didascalia Apostolorum*

El título siriaco completo de este *ordo* es: *La enseñanza católica de los doce apóstoles y santos discípulos de nuestro Redentor.* Se cree que el autor fue un converso del judaísmo que compuso esta obra en la primera parte del siglo tercero. Se dirige a lectores en varios estados de la vida, pero especialmente a personas casadas. Trata también de las obligaciones de los obispos, de las viudas y las diaconisas, de la penitencia, de la adoración litúrgica, y sobre cómo comportarse en tiempo de persecución. Ahí se dice que el bautismo es precedido por una doble unción, pero no hay unción después del bautismo. Es más flexible que otros autores de su tiempo, porque permite recibir la comunión a pecadores arrepentidos. Ordena seis días de ayuno antes de la Pascua de Resurrección. La intención general del libro es la de corregir a los cristianos que consideraban la ley ceremonial judía como algo todavía obligatorio.

D. *Constitutiones Apostolorum (años 350-380)*

Es una colección de leyes eclesiásticas de origen sirio. El título completo es: *Decretos de los santos Apóstoles a través de Clemente*. De sus siete libros, los seis primeros están basados en la *Didascalia*; el séptimo contiene la *Didajé* y material litúrgico derivado de bendiciones judías; el octavo sigue de una manera libre a la *Traditio Apostolica*, y además contiene una liturgia de Antioquía y unos «Cánones apostólicos».

Se desconoce el recopilador de esta obra que contiene gran riqueza de material litúrgico (incluye tres relatos del bautismo y uno de la eucaristía).

E. *El Euchologium de Serapión*

Atribuido a Serapión (años 339-363), obispo de Thumis en Egipto, a este documento se le conoce como el *Sacramentario* de Serapión, y nos introduce en una colección diferente de textos. Un *sacramentario* es una agrupación de oraciones litúrgicas usadas por el celebrante. Este sacramentario incluye treinta oraciones, una plegaria eucarística y oraciones para el rito de iniciación.

Es evidente que antes de la invención de la imprenta el pueblo no contaba con libros litúrgicos ni de oración. Poco a poco, sin embargo, se vio la necesidad de que la persona que presidía el culto de adoración siguiera un orden litúrgico que incluyera oraciones y plegarias para la administración de los sacramentos y de los sacramentales.

F. *La peregrinación de Egeria (años 381-384)*

Esta obra, conocida también como el *Itinerarium Egeriae,* es el relato de una monja hispana que describe a sus hermanas el peregrinaje que hace a los lugares santos que se encontraban entre el Nilo y Éfeso. Es un informe valioso porque describe detalladamente lo que vio en el viaje durante un período de tres años. Sobre todo es muy interesante la descripción de la Semana Santa tal como se observaba en Jerusalén. En el curso de la narración menciona detalles sobre la iniciación de los cristianos en tiempos de Cirilo de Jerusalén.

CAPÍTULO 4
Las liturgias oficiales (siglos IV-XI)

$\mathcal{L}$a paz constantiniana trajo libertad al cristianismo y supuso un florecimiento en el campo cultural, que fue adquiriendo una variedad de formas de acuerdo a las diversas regiones de la cristiandad. En los siglos que van del IV al XI se compusieron las formas litúrgicas que han permanecido en uso, con pequeñas alteraciones, hasta nuestros días. En Oriente han prevalecido las liturgias de San Juan Crisóstomo y de San Basilio, y en Occidente el rito romano. Sin embargo, al final de esta época es cuando se impone con rigidez el rito romano.

A. Crecimiento litúrgico

La libertad concedida por el edicto de Milán el año 313, dio carta de ciudadanía a la nueva religión cristiana y permitió que ésta actuara abiertamente, desarrollara los cultos, ya no en privado y en lo oculto, sino en edificios apropiados y de una manera más vistosa. Se inicia ahora una auténtica «revolución litúrgica».

El espíritu que reinaba en los primeros cristianos de creatividad e improvisación cúltica se acrecentó. *La Tradición Apostólica* (S. III) mencionaba la improvisación «según la habilidad del que presidía», y que, sin embargo, debía conservar la regla de fe. Las directrices que mantenían el ritmo del culto eran el amor a Dios y la alegría de la resurrección. Todo celebrado en la nueva vida lograda por Cristo. Aquella liturgia escatológica, profética y espiritual no paraba mientes en una elaboración ritual externa. Sin embargo, una vez pasados los siglos de esplendor litúrgico, todo esto iba a cambiar paulatinamente.

Los emperadores, empeñados en mantener la unidad del Imperio, en más de una ocasión contribuyeron a fijar liturgias oficiales tanto en Oriente como en Occidente. Sin embargo, no se puede pensar en una uniformidad absoluta. Al principio del proceso unificador, cada obispo, como en el caso de Serapión, usaba costumbres particulares y peculiares para su diócesis. Eran los conocidos *libelli missarum,* o libritos, que se usaban para celebrar el culto y que posteriormente dieron lugar al *Sacramentario Vernonense.* Con todo, la mayoría de las diócesis tendían a seguir la usanza de los grandes centros patriarcales: Jerusalén, Antioquía, Alejandría, Constantinopla y Roma.

En Occidente prevaleció la llamada liturgia *romana,* aunque algunas regiones se resistieron a la tendencia unificadora. Las más notables fueron la de Milán, denominada *ambrosiana,* usada en el norte de Italia; la *galicana,* que se empleaba en Lyón y generalmente en las Galias; la *británica* de uso en Inglaterra, y la *mozarábica* o visigótica usada en la península Ibérica. Todo esto influyó en que ni los emperadores ni los papas lograran una uniformidad absoluta y predominara la flexibilidad. En días especiales, tanto los centros mencionados como las diócesis particulares, usaban liturgias peculiares a su idiosincrasia. El rito mozárabe fue el que más se resistió a las presiones de Roma, y todavía perdura hoy en la Iglesia católico romana en partes de España como Toledo, y también en otras confesiones cristianas, como veremos enseguida.

Las primeras sistematizaciones del libro litúrgico católico romano se encuentran en el *Sacramentario Gelasiano,* y en el *Sacramentario Gregoriano,* libro de la liturgia papal.

En general, en estos siglos se dieron los siguientes cambios:
- El domingo fue declarado día festivo.
- El año litúrgico se estructuró en fiestas y períodos.
- La mesa eucarística progresivamente se convirtió en altar.
- El santoral creció con las conmemoraciones de los mártires y las primeras fiestas marianas después del Concilio de Éfeso (431).

• Con la entrada masiva de conversos al cristianismo se reorganizó el catecumenado.

En los primeros siglos de esta época de florecimiento, es decir, ya desde los siglos primero y segundo, la eucaristía constaba de dos partes. La primera, de los catecúmenos, comprendía desde el principio hasta el evangelio y sermón inclusive; la segunda, de los fieles, iba desde el ofertorio hasta el fin. Al abordar el sacramento del bautismo, veremos la detallada descripción que Hipólito hace de la preparación para este sacramento. En esa misma descripción nos indica cómo, en un principio, el credo estaba formulado en tres preguntas básicas que se dirigían a los candidatos al bautismo. El credo, en su forma más conocida, aparece en Antioquía desde el siglo V; en Constantinopla, a principios del VI, y en Roma, en el siglo X.

Al principio, la Comunión tuvo una importancia muy especial. San Agustín habla de la comunión diaria o semanal. En cambio, en el siglo VI hay testimonios que afirman que la comunión sólo se impartía en las fiestas de Navidad, Pascua y Pentecostés. Esto se debió al rápido crecimiento del cristianismo, cuando muchos se convirtieron sólo por conveniencia, con lo que disminuyó el fervor religioso. Según la costumbre antigua, se recibía la comunión de pie y sobre la palma de la mano, y era bastante frecuente que las mujeres la recibieran sobre un paño de lino. En Constantinopla se introdujo la costumbre de mojar el pan consagrado en el cáliz y darlo así por medio de una cucharita. Los que no comulgaban al final del culto recibían un pan bendito llamado *eulogia*.

El arte cristiano floreció en los templos y se crearon las basílicas (del lugar de la celebración se tratará con más detalle en el capítulo XII de esta obra). Aparecieron las insignias o distintivos pontificales y episcopales, los vestidos y las sedes o asiento del ministro que preside la asamblea litúrgica.

En el siglo VI, el rito romano había adquirido un estilo elegante y retórico, sobrio y preciso. Llevados por monjes y peregrinos o solicitado por la autoridad imperial —que no sólo buscaba la unificación eclesiástica, sino también la política— los libros litúrgicos romanos fueron cada vez más conocidos y usados en Occidente. Con esta expansión también se produjo la fusión de los ritos y textos romanos y de procedencia galicana, dando lugar a los *sacramentarios gelasianos* del siglo VIII que, con los *leccionarios* (libros en los que se contienen las lecturas bíblicas a usar en la celebración eucarística dominical) y los *antifonarios* (libros que contenían textos breves que acompañaban a los salmos y les daban sentido litúrgico), dieron base al *Pontifical Romano Germánico* del siglo X. Del siglo sexto al décimo la liturgia romana permaneció estancada; lo único que se le añadió provino de Oriente: la introducción de las fiestas marianas.

Pero los libros litúrgicos empezaron a multiplicarse. El sacramentario no era suficiente para celebrar la misa. Tenía que haber un libro de epístolas, un libro de evangelios, un libro de cánticos para el coro y un libro con rúbricas dando normas sobre la organización de la eucaristía. Cuando estos libros empezaron a unificarse durante el siglo noveno, apareció el *misal*, que terminó reemplazando a los sacramentarios en el siglo XIII.

Mientras tanto, otros libros fueron apareciendo. Para el sacerdote el *manual*, que contenía los oficios o servicios pastorales: el bautismo, el matrimonio, la penitencia, la visitación de los enfermos y el funeral de los muertos. Para el obispo el *pontifical*, que contenía servicios para la administración de la confirmación, de las ordenaciones, de la fundación de iglesias. Además, el sacerdote necesitaba el *breviario* para recitar las horas, que constaba de cuatro volúmenes.

Por estas fechas el bautismo de niños se había generalizado, la confesión comenzó a celebrarse de forma privada, y el arte cristiano en Europa evolucionó desde los modelos romano y bizantino hacia las formas románicas primitivas, introduciendo elementos nuevos.

B. La liturgia mozárabe

Por la importancia que ha tenido para el culto cristiano, y antes de abandonar estos siglos, es obligado dedicar un apartado para la liturgia *mozárabe*.

A través de los tiempos esta liturgia ha recibido otros nombres: isidoriana, visigótica, toledana, por mencionar algunos, y que sólo revelan parcialmente su contenido. Por ejemplo, el título de *isidoriana* hace referencia a la aportación de San Isidoro; el de *visigótica* hace referencia al tiempo en que se formó (siglos VI-VII), cuando el reino visigodo comprendía toda la Península y, al otro lado de los Pirineos, la provincia narbonense; el de *toledana*, porque se conservó sin interrupción en Toledo; el de *mozárabe*, porque los cristianos que vivían bajo el dominio musulmán la conservaron, y esos cristianos eran llamados *mozárabes* por los musulmanes. El término *hispana* es el que califica correctamente la personalidad de esta liturgia, y fue el primero que recibió cuando estaba ya formada y en pleno vigor, para distinguirla claramente de la liturgia romana.

Hay testimonios de que el cristianismo llegó pronto a Hispania y arraigó de una manera profunda. Entrar en detalles nos llevaría tiempo, así que bastará con mencionar algunas lumbreras. El obispo Osio de Córdoba (ca. 256-357) asesoró al emperador Constantino, presidió el concilio de Nicea (325) y el de Sárdica (343), en los que se condenó al arrianismo, y tuvo parte primordial en la redacción del símbolo niceno. El papa Dámaso (305-384), originario de Hispania, introdujo el latín en la liturgia romana, que hasta entonces era en griego, aunque en Hispania como en África se celebraban ya en latín. Prudencio (348-405), poeta cristiano hispano que sirvió a la administración romana con el primer emperador cristiano Teodosio I, también hispano, contribuyó con su obra a popularizar las gestas de los mártires hispanos con la intención de que se les venerara reemplazando a los dioses paganos. Más tarde algunos de sus himnos serían incorporados a las liturgias latinas.

Al igual que los ritos locales antiguos, el hispano conoció tres etapas de formación:

1. *Fase de gestación* (siglo III hasta principios del VI). De los siglos IV a principios del VI se celebraron, en toda la geografía peninsular, concilios locales que fueron configurando la liturgia hispana. Se dieron intercambios con otras iglesias orientales y occidentales, y especialmente con liturgias provenientes del norte de África. Al principio no existió una ciudad cristiana central para toda la península, sino más bien eran zonas cristianas. Este hecho explica la diversidad en las tradiciones litúrgicas que veremos en la siguiente fase.

2. *Fase de creatividad* (527-623). La nueva situación política creada por la presencia de los visigodos, y sobre todo a partir del tercer concilio de Toledo (589), posibilita el desarrollo de la creatividad litúrgica y de las grandes escuelas eucológicas (donde se crearon

plegarias que entrarían a formar parte de un libro litúrgico) de Tarragona, Sevilla y Toledo. Ahí destacan Justo de Urgel, Leandro e Isidoro de Sevilla, Eugenio e Ildefonso de Toledo. Durante este período se observa ya una tendencia a la unificación litúrgica.

3. *Fase de codificación* (hacia finales del siglo VIII). En esta etapa se organizan los libros litúrgicos, y quedan establecidos los principales: *Oracional, Antifonario y Manual*. Esta labor de codificación es realizada por San Julián, obispo de Toledo (+690). Casi un siglo antes se había concluido esta fase en el rito romano con San Gregorio Magno (+604).

La liturgia hispana se caracteriza por la redundancia de su estilo, en contraposición con la romana, tan concisa. Las oraciones son de tono ampuloso, pero notables por su brillantez, el vigor y cálido afecto de la expresión. Abunda la variedad de vocabulario, y la riqueza de fórmulas de profundo sentido teológico. Se dan resonancias de poetas latinos clásicos y los temas se tratan con viveza y dramatismo.

Entre las peculiaridades teológicas destaca su marcado cristocentrismo y una densidad dogmática de corte antiarriano. Se incluyen meditaciones sobre la obra redentora, a veces con expresiones de tierna veneración a la humanidad de Cristo.

Especificando, el calendario ofrece algunas peculiaridades: el Adviento empieza inmediatamente después de San Martín (11 de noviembre) y comprende seis semanas; la Epifanía va precedida de tres días de letanías o rogativas; al principio la Cuaresma comprendía tres semanas, luego seis.

La eucaristía presenta varias divergencias: todos los días tres lecturas; un canto de ofertorio *sacrificium* mientras se preparan el pan y el vino sobre el altar. Inmediatamente hay intercesiones solemnes de comunión con toda la iglesia. La doxología (*Gloria et honor Patri...*) difiere un tanto de la romana. Antes de la epístola se recitan unas preces diaconales. A la lectura del evangelio le sigue un cántico (*Laus* o *Lauda*) y un versículo y, en Cuaresma, una oración por los penitentes. La colecta u oración, dirigida frecuentemente a Cristo, es a veces una paráfrasis del *Gloria in excelsis*. La hostia se fracciona en nueve partes simbólicas, que se ponen en forma de cruz sobre la patena (platillo que contiene la hostia) durante la misa, evocando en cada una los misterios de Cristo. El credo se canta después de la plegaria eucarística o antes del padrenuestro.

Éste, dividido en siete secciones, se recita dialogadamente. No podemos entrar en mayores detalles, pero bastará decir que para la administración de los sacramentos se observa una riqueza de preces y ceremonias superior a la del Ritual romano.

Estas diferencias litúrgicas no comulgaban bien con los planes unificadores de Roma. El papa Gregorio VII (1073-85), en carta dirigida a los reyes Alfonso de León y de Castilla, y Sancho de Aragón, les hacía saber: «No de la toledana ni de cualquier otra, sino de la iglesia romana es de donde debéis recibir la liturgia y el rito... haciéndolo así, no seréis una nota discordante en el concierto de los reinos de occidente septentrión...» Sucesivas legaciones pontificias, tendentes a lograr esos propósitos, culminan con el decreto de abolición por un concilio de Burgos (1080) del rito hispano, que entonces se sustituye por el rito romano.

Cinco años después de ese decreto, Alfonso VI reconquista Toledo (1085) y concede a los mozárabes de la ciudad, como reconocimiento a su resistencia contra los árabes, el privilegio de seguir celebrando su antigua liturgia en las seis parroquias entonces existentes. En las nuevas que se crearán, se celebraría la romana. Este privilegio no fue respetado del todo, y cada vez se le hacía más difícil a la comunidad mozárabe celebrar su rito. En 1499 el cardenal Cisneros, iniciador de la reforma eclesiástica en España, es nombrado arzobispo de Toledo y apoya el rito antiguo hispano, *mozárabe*.

Si se nos permite una digresión, diremos que en la visita pastoral que realizó Juan Pablo II a España, con motivo del IV centenario de la muerte de Santa Teresa, en Toledo (4-11-82), se refirió a la ilustre comunidad mozárabe diciendo que sus «feligreses mantienen vivo el patrimonio espiritual de su venerable liturgia, de gran riqueza teológica y pastoral». En 1982 el cardenal de Toledo Marcelino González Martín, de acuerdo con el Vaticano y la Conferencia Episcopal Española, creó una comisión para la revisión del rito hispano. El primer fruto de los trabajos de esa comisión ha sido el *Missale Hispano-Mozarabicum* publicado en 1991.

Hasta llegar a su fase de plenitud, el rito hispano fue incorporando valores de otros ritos. Una vez asimilados, adquirió una misión de catolicidad al influir en el resto de las liturgias occidentales. Las aportaciones del rito hispano a la liturgia y rito romanos, a las liturgias galicana y celta (Irlanda) están documentadas. Ya en

1549, Thomas Cranmer, compilador y creador del primer *Libro de Oración Común*, cosechó de la liturgia hispana buen número de colectas, y otras partes rituales, para el nuevo libro anglicano. Y es esta liturgia que la *Iglesia española reformada episcopal* sigue desde su fundación en 1880. La liturgia hispana es una de las más estudiadas hoy día por los liturgistas.

C. La decadencia en la baja Edad Media (siglos XI-XV)

Para entender la reforma litúrgica y teológica que surgirá en el siglo dieciséis, es necesario prestar atención a los siglos precedentes en los cuales se iba fraguando una lenta pero consistente deformación litúrgica. El primer paso se dio cuando el cristianismo se convirtió en la religión oficial del Imperio Romano. El mal se acrecentó con las invasiones de los pueblos del norte, cuando masas de gente se convertían al cristianismo sin verdadero convencimiento y sin suficiente preparación. Finalmente, la liturgia recibió el golpe definitivo cuando el papa Gregorio VII (1085) impuso con rigor la *uniformidad de culto* en todo el Sagrado Imperio Romano, dando al traste con la creatividad, originalidad y diversidad litúrgicas. Ahora, por voluntad del Papa, el cristianismo occidental debía seguir el rito romano. Se iniciaban así cuatro siglos de estancamiento litúrgico.

Si al principio del cristianismo la comunidad se reunía para celebrar la alegría del Cristo resucitado, ahora el culto había adquirido un ambiente sombrío, triste y penitencial. Ya no presidía la adoración litúrgica el *Christus Victor* (el Cristo Victorioso) característico en las iglesias orientales, sino un crucifijo representando al Cristo agonizante. Los cristianos se habían convertido en espectadores de lo que hacía el cura, que recitaba solo y en voz baja la misa en latín. Predominaban las genuflexiones o el arrodillarse como gesto de adoración. La eucaristía se había convertido en la *misa privada* del sacerdote. El pueblo cesó de tomar la comunión del cáliz, y el pan sólo lo recibía una vez al año, para cumplir con *la obligación de la pascua*. A ello contribuyó decisivamente la creencia de que antes de recibir la comunión era necesaria la confesión de los pecados, incluso cuando no se tenía ninguno que confesar (creencia que todavía hoy perdura en algunos grupos cristianos). Así, en la mente y corazón del pueblo, la eucaristía perdió el poder salvador y redentor que ofrece la presencia de Cristo. Con ello, los cristianos asistían a la misa sólo para recitar sus devociones privadas. Lo peor de todo, como veremos más tarde, es que este ambiente religioso del culto perduraría, con mínimas alteraciones, hasta el siglo XX.

En el siglo XIII el ministerio de la predicación alcanzó mucha popularidad, pero estaba totalmente al margen de la liturgia y de la misma Sagrada Escritura. A su vez, los oficios divinos —la recitación de salmos, de oraciones y de lecturas bíblicas, conducentes a santificar todas las horas del día— se habían convertido en el monopolio de los monjes, que se reunían a diferentes horas del día en el monasterio para recitarlos; y en la obligación de los sacerdotes que habían de cargar siempre con su indispensable *Breviario* (libro que contenía los oficios divinos). Así la comunidad de cristianos quedaba excluida de tan importante devoción.

El bautismo había sufrido una transformación radical. En vez de una celebración gozosa, se había convertido en un sacramento administrado cuanto antes y sólo a los niños para que, en un tiempo de gran mortandad infantil, no murieran con el pecado original.

A fines del siglo XV y principios del XVI, la situación general de la iglesia era verdaderamente lamentable por la mundanalidad de la *curia pontificia* y falta de espíritu eclesiástico. Por otra parte la relajación de costumbres se manifestaba en todas partes. Los clérigos procedentes de la nobleza tomaban las dignidades eclesiásticas como un *modus vivendi*, carecían de espíritu religioso y abundaba en ellos la corrupción. Mientras que en los clérigos procedentes de clases inferiores predominaba la ignorancia y la miseria, y fácilmente se dejaban llevar por la simonía y la sensualidad. También las órdenes religiosas habían caído en una verdadera relajación de costumbres.

No es necesario cargar más las tintas de la decadencia religiosa de ese momento. Al hablar de la reforma tridentina, se mencionarán más detalles. Por otra parte, el lector conoce —por la historia de la Iglesia— otros pormenores que condujeron a la Reforma del siglo XVI.

El arte cristiano predominante en esta época es el gótico, en el que contrasta la grandiosidad de los templos con la división de su interior en capillas y la multiplicación de altares y de imágenes. Todo ello demandado por una teología decadente.

CAPÍTULO 5
La Reforma y la Contrarreforma

$\mathcal{L}$a corrupción eclesiástica, la decadencia litúrgica y el poco fervor religioso reinantes a inicios del siglo XVI, tarde o temprano habrían de conducir a una reforma de la iglesia institucional. Lástima que los ánimos se alteraran por todos lados y condujeran a la fractura de la Iglesia en Occidente. Aunque los ánimos se hayan aplacado un poco, todavía estamos sufriendo esa división. Sin embargo, con sus altas y bajas, hoy reina un espíritu que un día podrá conducir a un buen entendimiento entre todas las confesiones cristianas.

A. La Reforma

Martín Lutero (1483-1546) publicó tres documentos decisivos que se pueden considerar como el manifiesto del movimiento de Reforma. En el primero, *A la nobleza cristiana de la nación alemana*, pedía al pueblo alemán que tomara la iniciativa para la reforma de la Iglesia. En el segundo, *De la cautividad de Babilonia*, atacaba la doctrina y práctica de los sacramentos. Y el último fue *De la libertad del cristiano*.

En concreto, su revisión litúrgica comenzó en 1523 cuando escribió fórmulas para la comunión, para los oficios divinos, para el bautismo, el matrimonio, la ordenación y una letanía. Concedió carácter sacramental sólo al bautismo y a la eucaristía. Eliminó la misa privada, la comunión con una sola especie —ya de pan o de vino—, los sufragios u oraciones en favor de los fieles difuntos, el carácter sacrificial de la misa (esta idea se había originado con el papa Gregorio Magno [590-604] y era la creencia de que en la misa se renueva, de una manera incruenta, la muerte de Cristo), la obligación de la confesión, los ayunos y el celibato de los clérigos. Promovió la celebración del culto en lengua vernácula, los derechos del laicado dentro de la Iglesia y la obligación de retar al papado en la exclusividad de interpretar las Sagradas Escrituras, que son la única norma de fe. Además, escribió un catecismo y compuso varios himnos. A pesar de todo esto, su obra reformadora fue conservadora comparada a la de otros reformadores continentales, dado que Lutero siguió más de cerca las formas medievales.

Ulrico Zuinglio (1484-1531) se adhirió a la Reforma hacia 1520, y en 1523 compuso 67 tesis más radicales que las de Lutero. Bajo el influjo de los anabaptistas, poco a poco rechazó todas las ceremonias exteriores. La Biblia sería la única regla de fe, Jesucristo el único jefe de la Iglesia, la misa no sería un sacrificio, negó la existencia del purgatorio, rechazó el culto a los santos, el celibato y los votos religiosos. En l525, compuso una liturgia que era más didáctica, racionalista y subjetiva que la de Lutero. El culto antiguo había sido eliminado, para dar paso a uno nuevo, consistente en la predicación y en la *Santa Cena* bajo las dos especies, pero esto último sólo como una representación del cuerpo de Cristo. En ese mismo año, en Zurich, donde se había establecido, y siguiendo órdenes, sus seguidores empezaron a desaparecer las imágenes, se clausuraron monasterios, y se eliminaron los sacramentos y los ayunos.

Es cierto que Lutero y Zuinglio divergían en algunos puntos. La Biblia tiene más importancia para Lutero; para Zuinglio se convierte en cierta inspiración interior. Lutero pone como base de toda su enseñanza la justificación por los méritos de Cristo; Zuinglio insiste más bien en la predestinación. Lutero admite la divinidad de Cristo y manifiesta una íntima adhesión a su persona; Zuinglio tiende a disminuir su grandeza a la manera de los arrianos. Ambos entraron en una enconada discusión sobre el entendimiento de la eucaristía. Lutero negaba la *transubstanciación*, pero defendía la presencia real de Cristo en la misma. El término más cercano para expresar su pensamiento sería el de *consubstanciación*. Pero Lutero no usó esa palabra porque aborrecía hablar de substancias. Admitía que el pan y el vino seguían siéndolo al paso que se convertían también en el cuerpo y sangre del Señor. Lutero usaba la ilustración del hierro puesto en el fuego, que sigue siéndolo aunque se torna en un rojo incandescente, así hierro y fuego están juntos al mismo tiempo. Zuinglio, en cambio, hablaba sólo de una presencia de Cristo meramente simbólica.

Juan Calvino (1509-1564) llevó a cabo su obra reformadora en Ginebra. En general acepta las ideas de Lutero y de Zuinglio. Compuso una obra que tituló *Artículos de la disciplina eclesiástica*. Con esta obra sustituyó el culto católico por el reformado. En consecuencia, debían desaparecer las imágenes, la ornamentación de los templos y la misa. En general, todo el culto adquirió un tono lúgubre. Todo se reducía a la predicación, a ciertas plegarias y a la recitación o canto de salmos. Calvino deseaba celebrar la *Santa Cena* todos los domingos, pero no pudo convencer al consejo de la ciudad, por eso sólo se celebraba cuatro veces al año. Creía en la presencia real pero espiritual de Cristo, y rechazó la interpretación meramente simbólica de Zuinglio. De los sacramentos sólo admitió el bautismo y la cena. Afirmaba que el culto cristiano debía fundamentarse en la autoridad de la Escritura y en las costumbres de la Iglesia primitiva. Además, con el objeto de implantar sus doctrinas, Calvino compuso un *Catecismo*, que fue un resumen de su obra *Instituciones cristianas*. Con el mismo fin, compuso la instrucción titulada *Confesión de la fe*, donde designa a la misa como «invento diabólico», y a la Iglesia católica como «sinagoga del diablo».

Calvino, de talento más agudo y lógico que el de Lutero, con su análisis exegético, su conocimiento de varias lenguas, su precisión y claridad de estilo, se convirtió en el reformador de más influencia.

B. El Libro de Oración Común

Este libro es el alma y espíritu del Anglicanismo. Es la obra que aglutina y da unidad a toda la confesión anglicana. Es el libro oficial para la oración y la liturgia y, aunque no sea uniforme mundialmente en las 38 iglesias autónomas que forman la Comunión

Anglicana, las diferencias de unos libros a otros son mínimas. Lo esencial se encuentra en todos ellos. Veamos su origen y desarrollo.

La Iglesia en Inglaterra se había planteado esta cuestión: ¿cómo llegar a una reforma de la adoración que se mantuviera en la más sana tradición de la Iglesia, que incorporara las mejores ideas de Reforma, que fuera práctica y asequible al pueblo? En efecto, además de la corrupción, ya mencionada, de formas y personas a principios del siglo XVI, se daba tal proliferación de libros litúrgicos —más de doscientos— que era necesaria una síntesis. En la Edad Media los ritos de la Iglesia se contenían en cinco libros: el breviario, el misal, el manual, el pontifical y el procesional. El primer *Libro de Oración Común*, aparecido en 1549, abrevió esos libros y los adaptó a una nueva circunstancia.

Al romper las relaciones con Roma, se produjo en Inglaterra un movimiento litúrgico orientado a servir mejor al pueblo con un espíritu fundamentado en la Biblia y en la tradición. Aparecieron centenares de publicaciones motivadas por ese buen objetivo. Mas era necesaria una mano diestra que diera unidad a todo el material existente. Tal pericia la manifestó Thomas Cranmer, arzobispo de Canterbury (1533-1556).

Por orden del rey Eduardo VI, se debía crear un libro que se pudiera usar en todo su reino, y que diera unidad a la práctica litúrgica. Así se formó la *Comisión Windsor*, integrada por Cranmer, seis obispos y seis teólogos, teniendo presente que entre ellos los hubiera de la antigua y de la nueva tendencia teológica.

Se sabe que la mayor parte del libro fue creación y redacción de Cranmer, pero todos participaron en la discusión crítica de la nueva obra. Cranmer, deseando seguir en el espíritu católico de la Iglesia, recogió material de las liturgias gálicas y orientales, así como del uso medieval romano. Además, todo lo fundamentó en la Biblia, en la doctrina de los Padres de la Iglesia, pero también incluyó ideas nuevas, algunas provenientes de Alemania y, sobre todo, siguió las directrices del nuevo breviario del cardenal español Francisco de Quiñones. Éste, por orden del papa Clemente VII, había simplificado el breviario existente, reduciéndolo de una manera drástica. En él, la Biblia se leería completa cada año, el salterio cada semana, se reducían al mínimo las lecturas de las vidas de los santos y se suprimían antífonas y responsorios. Este breviario, publicado por Pablo III en 1535 y conocido como el *Breviario de la Santa Cruz,* se hizo inmensamente popular en toda Europa, superando más de cien ediciones. Una adaptación del prefacio del breviario de Quiñones apareció como prefacio de la obra de Cranmer, y todavía se puede leer en su esencia en la página 760 del libro actualmente en uso.

De sumo interés para el pueblo hispano es el hecho de que el *Libro de Oración Común* tiene profundas raíces en la liturgia *mozárabe.* Esto ya lo hemos mencionado anteriormente. Thomas Cranmer andaba enamorado de esa liturgia e incorporó grandes porciones de ésta en su libro. Incluso en el libro actual se encuentran numerosas influencias provenientes de esa liturgia hispana; entre ellas está la costumbre de tener tres lecturas en el servicio dominical, así como leer los Hechos de los Apóstoles en la época pascual, y el Apocalipsis en uno de los tres ciclos del Leccionario.

El primer *Libro de Oración Común* apareció con este título: el *Libro de Oración Común y administración de los sacramentos y otros ritos y ceremonias de la Iglesia, para el uso de la Iglesia Anglicana.* Evidentemente, el título manifestaba que los autores deseaban mantenerse dentro de las líneas católicas de adoración. Los logros obtenidos por el nuevo libro consistían en que eliminaba prácticas y devociones ya caídas en desuso, consolidaba y resumía varios libros en uno, los servicios litúrgicos se realizaban en la lengua del pueblo, se pedía más participación litúrgica por parte de los feligreses, se fundamentaba en la Sagrada Escritura y estaba de acuerdo con la práctica primitiva de la Iglesia (al menos tal como se entendía en esos años). Es decir, todas las reformas realizadas en el siglo XVI, aunque en ellas apelaban casi siempre a la práctica primitiva de la Iglesia, los creadores de las mismas carecían de los conocimientos que hoy tenemos, pues algunos de los documentos mencionados en los capítulos primero y segundo de esta obra, no se habían descubierto.

El primer libro no agradó ni a conservadores, acostumbrados a lo antiguo, ni a los nuevos reformadores, que pedían una reforma más radical. Así en 1552, apareció otro que se inclinaba más a la reforma protestante. En 1559 apareció el libro de la reina Isabel, que sólo realizó pequeños cambios sobre el anterior. Bajo el reinado de Jaime I, y bajo presión de los puritanos contra el libro de 1559, en 1604 apareció el *Libro de oración Jacobeo.* Finalmente, en el reinado de Carlos II, en 1662, se publica el último libro inglés de oración, con numerosos cambios e incluyendo la lectura de la Biblia del rey Jaime (*King James Bible*).

El libro actualmente en uso en Estados Unidos es el más innovador, el más enriquecido y el mejor de todos. Es también el más ecuménico. Algunos de los logros teológicos más importantes de éste es que se recobra el significado bíblico del domingo como día de la creación, de la resurrección, del descenso del Espíritu Santo y anticipo del fin de los tiempos. Se presentan siete plegarias eucarísticas nuevas que enfatizan la encarnación, la crucifixión, la resurrección, el banquete mesiánico y la última cena. Se acentúa la importancia del Espíritu Santo y se enriquece la doctrina de la Iglesia. Así pues, por su practicidad, sencillez y claridad, el *Libro de Oración Común* ha ejercido gran influencia en otras confesiones cristianas.

C. La Contrarreforma

Al hablar del cardenal Francisco de Quiñones, vimos que, aunque muy tenues, también en Roma corrían aires de reforma. El concilio de Trento (1545-1563) se celebraría diez años después de publicado el *Breviario de la Santa Cruz* y unos veinte después de las reformas cúlticas efectuadas por los reformadores continentales. Entonces, era necesaria una reforma en Roma. También Trento se propuso lograr una liturgia aceptable volviendo a «los ritos antiguos y normas de los santos Padres». Así se llegó a la convicción de que los cambios efectuados y publicados en el famoso Misal de Pío V (1570), reflejaban el espíritu más cercano a la tradición primitiva de la Iglesia. Sin embargo, nada puede haber más lejano a la verdad. Se sabe hoy día que el Misal de Pío V no hizo otra cosa que consolidar una liturgia clerical, y que ese misal era casi idéntico al misal curial de 1474, que a su vez estaba basado en el misal curial que se usó en tiempos del papa Inocencio III (1198-1216). En realidad el concilio de Trento no tuvo como principal objetivo una reforma litúrgica. Lo que logró, por un lado, fue acentuar la piedad privada del pueblo y, por otro, establecer las bases dogmáticas de la eucaristía y de los sacramentos. Pero también fue el punto de partida de cuatro siglos de estancamiento litúrgico.

Lo que el Misal de Pío V logró, fue corregir algunos de los muchos abusos existentes. La Comisión Preparatoria del Concilio de Trento, con fecha del 8 de agosto de 1562, tenía la siguiente lista de abusos a corregir: sacerdotes celebrando misas en altares laterales tan cercanos unos a otros que sus voces les distraían; la celebración de misas privadas el domingo, al mismo tiempo que se celebraba la misa solemne; la celebración de demasiadas misas (la misa se consideraba la devoción privada del sacerdote); las fiestas de los santos reemplazaban a las del Señor, especialmente el domingo; misas celebradas sin asistencia de público o incluso de monaguillo; nadie recibía la comunión, ni siquiera los ayudantes o ministros del celebrante; procesiones del santísimo sacramento organizadas por diferentes parroquias y con tal rivalidad que a veces terminaban en batallas callejeras; los sacerdotes multiplicaban las cruces sobre el pan y el vino, como si esos signos contuvieran el poder para consagrarlos; la elevación del cáliz sobre la cabeza del celebrante; la recitación de las palabras de la plegaria eucarística con tanta rapidez que no se podían entender; los miembros de la congregación asistían a la misa con perros, halcones y gavilanes; visitantes que entraban a la sección del coro cercana al altar y charlaban con los monjes y monjas mientras se cantaban los oficios divinos. Algunos de esos abusos se corrigieron. Otros continuaron en práctica hasta el Concilio Vaticano II.

La *misa privada* entró en uso hacia el año 1200. En ella el sacerdote ejercía las funciones propias del diácono, del lector, del coro, y de la misma congregación. El sacerdote lo hacía todo en el altar y de una manera rápida y silenciosa, a veces sin devoción y sólo para satisfacer la obligación de los estipendios o limosnas ofrecidos por celebrar la misa. Esta misa privada fue aceptada y entronizada por el Misal de Pío V, se celebraría en latín, y se convirtió en la norma de la Iglesia católico romana hasta el Concilio Vaticano II.

Para velar por la unidad litúrgica, el papa Sixto V creó en 1588 la Sagrada Congregación de Ritos, cuya actividad duró hasta l969. Esto significó siglos de estancamiento cúltico. El Santoral de nuevo creció de forma desmesurada hasta prevalecer sobre el domingo y los tiempos litúrgicos. De nuevo, era necesaria una reforma.

D. *El movimiento litúrgico*

Se conoce como *Movimiento Litúrgico* al esfuerzo realizado durante casi siglo y medio (1830-1969) por restaurar la adoración a su prístino esplendor. Tenía como objetivo primordial involucrar activamente al pueblo de Dios en la liturgia. Este movimiento cubrió varios países, y pasó por varias fases, que cambiaron con frecuencia el propósito, la orientación y la percepción de su objetivo central. El movimiento litúrgico es más amplio que la reforma litúrgica, y llegaría a la mayoría de las confesiones cristianas en la segunda parte del siglo XX.

Ya en el siglo XVIII los católicos franceses habían solicitado las siguientes reformas: celebración del culto en lengua vernácula, el uso de un sólo altar, sólo una misa comunitaria el domingo, la reinstauración de la procesión del ofertorio cuando se llevan al altar el pan, el vino y las ofrendas, la comunión frecuente y bajo las dos especies. Y aunque estas reformas no llegarían a su implantación hasta el concilio Vaticano II, en aquel siglo fueron asociadas erróneamente con el galicanismo y el jansenismo.

El movimiento litúrgico fue promovido especialmente por los benedictinos y por las abadías de Solesmes en Francia, Maredsous y Mont-César en Bélgica, y María Laach en Alemania. A partir de 1910 el movimiento se extendió a Holanda, Italia, Inglaterra y más tarde a Estados Unidos y a otras naciones.

Al inicio, y principalmente en Europa, tuvo un carácter investigador y científico. Se avivó el interés en la teología bíblica, en la patrística y en el ecumenismo; se dio una explosión en el conocimiento de la historia y estructuras básicas de la liturgia, y una toma de conciencia de lo que esos nuevos conocimientos implicaban para los campos de la antropología, sociología, psicología y pastoral. Posteriormente, y sobre todo en Estados Unidos, el movimiento asumió un aspecto más pastoral.

Prosper Guéranger (1805-1875), abad del monasterio de Solesmes, fue uno de los pioneros del movimiento y el primero en usar la expresión «movimiento litúrgico». Muchas de sus ideas carecían de documentación científica y mantuvo una postura conservadora y a veces incorrecta. Algunos de sus puntos tuvieron que ser rectificados posteriormente por otros líderes del movimiento; sin embargo, sus ideas dieron un gran impulso a la renovación litúrgica posterior. Entre ellas cabe destacar la idea de que el culto ha de ser la verdadera fuente de la vida espiritual. Sus obras más famosas fueron: *Instituciones litúrgicas*, publicado en tres volúmenes, entre 1840-1841 y 1851, y *El año litúrgico,* una voluminosa obra que influiría muchísimo en otros autores.

Odo Casel (1886-1948), monje de María Laach, en Alemania, escribió *El misterio de la adoración cristiana.* En esta obra presenta los sacramentos, no como puras ceremonias rituales, sino como acciones internas de Cristo (obra también criticada, con admiradores y detractores).

En Bélgica, destacó Lambert Beauduin (1873-1960), monje y sacerdote liturgista. En 1914 publicó *La piété de l´Église,* que es considerada como el manifiesto del movimiento popular litúrgico. La actividad litúrgica de Beauduin demandaba la participación activa del pueblo, se basaba en la experiencia del ministerio parroquial, tomaba ideas abstractas y las adaptaba al lenguaje popular, y usaba los medios de comunicación social, conferencias y publicaciones para difundir sus ideas. Pedía que los fieles participaran activamente en la misa comprendiendo los ritos y los textos; que se restablecieran las vísperas y las completas —horas del oficio divino del que hablaremos más adelante— en los domingos como celebraciones parroquiales; que los fieles se familiarizaran con los ritos de los sacramentos y difundieran a otros este conocimiento; que se restableciera la liturgia de los difuntos en un lugar de honor y se erradicara la descristianización del culto a los muertos.

Otras lumbreras dentro del movimiento fueron Romano Guardini en Alemania (-1968); en Austria P. Parsch (-1954) que defendió las ideas de Beauduin; en Italia destacó el cardenal I. Schuster (-1957). En Francia se fundó el Centro de Pastoral Litúrgica de París en 1943, y en España hubo un fuerte despertar litúrgico orientado por los monasterios de Silos y de Monserrat.

Algunos documentos oficiales emanados de Roma, como *Tra le sollecitudini* (1903) de Pío X, *Divini cultus* (1928) de Pío XI, y *Mediator Dei* (1947) de Pío XII, recogían ideas del movimiento litúrgico, las hacían oficiales y preparaban el cambio definitivo que llegaría con el concilio Vaticano II. En concreto, la encíclica *Mediator Dei* fue considerada como la «Magna Carta» de este movimiento. Era la primera encíclica dedicada en su totalidad a la liturgia, y abrió el camino a cambios concretos. Por eso, en los años 1950, la Iglesia católico romana realizó ya algunos de los cambios sugeridos: la Vigilia pascual fue restaurada, se reformaron los ritos de la

Semana Santa, las rúbricas se simplificaron, y se animaba a las congregaciones a que participaran en el canto del culto.

Por fin llegó el concilio Vaticano II (1962-65), convocado por el papa Juan XXIII. El primer tema a estudiar sería el litúrgico. El esquema entró en el aula conciliar el 22 de octubre de 1962, y fue discutido hasta el 13 de noviembre. Un año después, el 4 de diciembre de 1963, exactamente cuatrocientos años después de la clausura del concilio de Trento, el papa Pablo VI promulgaba la constitución sobre la renovación litúrgica *Sacrosantum Concilium.* En ella se aprobaban y promovían las ideas del movimiento litúrgico, algunas de ellas ya implementadas en otras confesiones cristianas desde el siglo XVI. La aplicación del documento conciliar conoció tres fases: el paso del latín a las lenguas nacionales; la publicación de los libros litúrgicos revisados «según los decretos del concilio»; y la adaptación de los libros litúrgicos a las circunstancias de las iglesias particulares. El documento conciliar enfatizó la «participación consciente y activa» de los feligreses.

Temas todavía tan actuales y candentes tanto en la Iglesia católico romana como en las demás confesiones cristianas, son la celebración del culto en un medio multicultural y la inculturación de la liturgia según la idiosincrasia de cada país y cultura.

Siguiendo el liderazgo de la Iglesia católico romana, los protestantes continentales y la Iglesia ortodoxa gradualmente reconocieron la importancia del movimiento litúrgico y respondieron al mismo. El monasterio protestante de Taizé se convirtió en un centro de renovación litúrgica y lugar de peregrinación para gente de todo el mundo. Y durante el período de renovación litúrgica se dio el interesante fenómeno ecuménico de compartir experiencias mutuas entre las iglesias y confesiones.

El movimiento litúrgico empezó a ejercer su influencia en la Comunión anglicana, hacia los años 1930, animada por las obras de A.G. Hebert, Dean William Palmer Ladd y Walter Lowrie. Los primeros resultados fueron el establecimiento de «parroquias de comunión» en algunos lugares; la restauración de los bautismos durante los servicios públicos, y que el pueblo cantara partes de la misa antes reservadas para el coro. Muchos de los descubrimientos del movimiento litúrgico se incluyeron en *The Oxford American Prayer Book Commentary,* escrito por Marrey H. Shepherd, Jr. (1950). La Iglesia anglicana observó las nuevas direcciones tomadas por la

Iglesia católico romana, por los protestantes continentales y por los nuevos ritos de la Iglesia del Sur de India. La conferencia de Lambeth de 1958 reconoció que había llegado el momento de una revisión más drástica del *Libro de Oración Común* y estableció directrices que después se desarrollaron en el Congreso Anglicano de 1963.

La Convención General de la Iglesia episcopal en 1964 encargó a la Comisión Permanente de Liturgia que elaborara textos concretos de revisión que fueran presentados en la siguiente convención de 1967. En ésta se presentó, para uso experimental, un documento llamado *Liturgia de la cena del Señor*, una revisión del rito eucarístico. Tras varios años de experiencia, trabajo y sugerencias recogidas, la Convención General de 1979 por fin aprobó el nuevo *Libro de Oración Común*. Los mismos principios de revisión que se tuvieron presentes para el primer libro de oración de 1549 se aplicaron al de 1979: fidelidad a la Sagrada Escritura, fidelidad a la práctica primitiva de la Iglesia, unificación de todos los fieles de la Iglesia, y la edificación del pueblo. Al hablar del *Libro de Oración Común* que se usa en Estados Unidos, ya indicamos los logros obtenidos tras la renovación litúrgica.

Según Robb Redman en *The Great Worship Awakening*, este movimiento de renovación litúrgica planteó un gran reto a las iglesias protestantes para pensar bíblica, histórica, ecuménica y pastoralmente con relación al culto, algo que no se había realizado bien en el pasado. Según este autor, durante los años cincuenta el culto en el protestantismo, en muchos lugares, había degenerado a simplemente promover el sueño americano.

En los años setenta, la mayoría de las grandes confesiones protestantes empezaron a incorporar en su agenda de renovación ideas tomadas de este movimiento litúrgico. Ideas que cubrían casi todas las áreas de la liturgia: la eucaristía, el bautismo, el calendario litúrgico, la oración diaria, y otros ritos sacramentales como el matrimonio y funerales. Otros aspectos litúrgicos afectados fueron la arquitectura y el mobiliario de las iglesias, las vestiduras, la música, y la función de los seglares en la adoración. Así, por ejemplo, en los años setenta, muchos clérigos empezaron a usar sotanas y estolas cuyos colores dependían de la estación litúrgica que se estaba celebrando. Según Redman, un presbiteriano, uno de los cambios más notables fue la celebración más frecuente de la cena del Señor. En la Iglesia presbiteriana se solía celebrar sólo cuatro veces al año, pero a partir de los setenta, muchos pastores empezaron a solicitar la celebración mensual como el paso previo para celebrarla semanalmente.

Los evangélicos conservadores han sido más renuentes para aceptar los cambios litúrgicos, en parte por seguir pensando que la teología romana todavía sigue anclada en el medievo. Por eso no han entendido bien el radical cambio que ha supuesto el Concilio Vaticano II. A pesar de ello, el teólogo e historiador evangélico Robert Webber ha sido uno de los defensores de la renovación iniciada por este movimiento. Webber aboga por un mayor acercamiento a los sacramentos (especialmente a la eucaristía), por un conocimiento más profundo de la praxis del culto en los primeros siglos del cristianismo, y por un mayor uso de gestos, vestiduras y símbolos litúrgicos.

Según Robb Redman, en general los protestantes han dado gran aprecio al movimiento de renovación litúrgica y están de acuerdo en lo general, aunque no en los pequeños detalles. Los principales objetivos propuestos han sido la restauración de la centralidad de Cristo en la adoración, lo mismo que la centralidad de la Biblia (que paradójicamente se había perdido en el protestantismo), la introducción del calendario litúrgico y el leccionario, la promoción de la práctica sacramental y la mayor participación de la congregación en la adoración, especialmente en la música.

Naturalmente, en todas las revisiones litúrgicas efectuadas en el siglo pasado contaron mucho los nuevos conocimientos científicos mencionados anteriormente. Esto, a su vez, ha contribuido a que se haya dado cierto acercamiento entre todas las confesiones cristianas.

E. El movimiento pentecostal

Casi paralelo al movimiento litúrgico que acabamos de ver se iba fraguando otro fenómeno religioso de enormes proporciones para toda la Cristiandad. Nos referimos al movimiento pentecostal. No podemos hablar de Iglesia pentecostal, ya que este movimiento religioso se encuentra fraccionado en miles de subgrupos.

El pentecostalismo nació en Estados Unidos a inicios del siglo pasado. Hoy cuenta en el mundo entero con más de cuatrocientos millones de afiliados, incluidos los carismáticos de las confesiones tradicionales como la católicorromana, la anglicana, la luterana, la presbiteriana, la metodista, y otras más.

El pentecostalismo clásico profesa las doctrinas básicas del mundo protestante, sin embargo, tanto en la manera de conducir el culto como en la búsqueda de una espiritualidad estricta, ha supuesto una novedad religiosa. Para entender este movimiento es necesario tener presente los antecedentes que le dan origen y le nutren.

1. Antecedentes al movimiento pentecostal

El sacerdote anglicano, William Law (1686-1761), ejerció decisiva influencia tanto en el avivamiento religioso británico como en el gran despertar religioso americano. Con su obra *Una llamada seria a vivir una vida devota y santa* influyó en las vidas de Henry Venn, George Whitefield y Juan Wesley. Su reto a vivir una vida cristiana seria y comprometida tuvo una respuesta más entusiasta de lo que él mismo se imaginaba.

Así, en los siglos XVIII y XIX se fueron formando grupos «carismáticos» y «perfeccionistas» británicos que remotamente prepararon la explosión carismática actual. Los tres más importantes son el *Movimiento metodista de santidad*, el *Movimiento católico apostólico* de Edward Irving y el *Movimiento Keswick de «vida más elevada»*.

Tal vez el más importante de los tres sea el Movimiento metodista de santidad. Puede que Juan Wesley, sin pensarlo, diera origen a toda una auténtica revolución religiosa. En l766 escribió un folleto que sería decisivo para crear conceptos relacionados con una espiritualidad más comprometida, como: «total perfección», «perfección cristiana» y «pureza de corazón». Este movimiento de santidad desarrolló la teología de una «segunda bendición». John Fletcher, colega de Wesley, a esa «segunda bendición» la llamó «bautismo con Espíritu Santo». Se trata de una experiencia que llena al receptor de un poder espiritual y de una pureza interior.

La principal característica de este grupo fue el énfasis que dio a la «santificación» personal demostrada en la vida diaria con práctica de oración, meditación sobre las Sagradas Escrituras, asistencia a la adoración y compañerismo con los demás creyentes. Así que la mejor prueba de que se posee al Espíritu Santo se demuestra en la conducta diaria y en el carácter de la persona.

Edward Irving, pastor presbiteriano de Regents Square en Londres, en 1831 lanzó la idea de restaurar a la Iglesia católica apostólica con sus carismas primitivos en el mundo moderno. Irving dio origen a lo que se consideró la primera «renovación carismática». Aunque en su Iglesia se hablaba en lenguas y se profetizaba, no pudo restaurar el cristianismo original del Nuevo Testamento. Sin embargo, afirmaba que la *glosolalia* (hablar en lenguas) era el signo evidente de que alguien había recibido el bautismo con Espíritu Santo.

El *Movimiento Keswick de «vida más elevada»* floreció en Inglaterra en el último cuarto del siglo XIX. Los maestros de este movimiento cambiaron el contenido doctrinal de la «segunda bendición». Mientras Juan Wesley enfatizaba la pureza de corazón, los nuevos líderes espirituales hablaban de «fortaleza espiritual para el servicio de los demás».

Además de este trasfondo religioso, es necesario apuntar que casi todos los que pusieron en marcha el movimiento estrictamente pentecostal en Estados Unidos habían pertenecido anteriormente a alguna «iglesia de santidad». La mayoría de ellos eran metodistas, o pertenecían a grupos semejantes que habían adoptado la idea metodista de la «segunda bendición».

Unos años anteriores al 1900, el metodismo americano experimentó una destacada renovación de santidad durante una cruzada originada en Nueva York, Nueva Jersey y en Pennsylvania. La *National Holiness Camp Meeting Association* nació en Vineland, N.J., en 1867. Este movimiento de santidad atraía multitudes a los servicios de adoración, que algunas veces reunía hasta 20,000 personas. Ahí muchos aseguraron haber recibido la «segunda bendición» de santidad. Los promotores del movimiento de santidad metodista esperaban injertar en las iglesias institucionales una vida nueva que renovara toda la Cristiandad.

2. Orígenes del movimiento pentecostal

Con lo descrito arriba, el campo estaba abonado para un florecimiento religioso sin precedentes. Esto es lo que sucedió al despuntar del siglo XX. Dos pastores, Charles Fox Parham y William

Joseph Seymour, que habían sido metodistas, fueron los auténticos pioneros del pentecostalismo.

Charles Fox Parham, anterior pastor metodista y maestro del movimiento de santidad, se encontraba en 1900 en Topeka, Kansas, donde había fundado el Bethel Bible College. El 1 de enero de 1901 una de sus estudiantes, Agnes Ozman, empezó a hablar en lenguas, dando con ello muestras de su bautismo con Espíritu Santo. Según el fundador de las Asambleas de Dios, J. Roswell Flower, esa experiencia fue el «toque de gracia sentido en todo el mundo» y dio origen al «movimiento pentecostal del siglo XX». A los pocos días otros estudiantes, e incluso el mismo Parham, comenzaron a hablar en lenguas. Tal experiencia condujo a Parham a formular la doctrina de que hablar en lenguas era la «evidencia bíblica» del bautismo con Espíritu Santo. También llegó a creer que hablar lenguas era un don sobrenatural concedido para la evangelización del mundo. Sus misioneros no tendrían que estudiar lenguas ya que, milagrosamente, podrían hablar cualquier idioma. Basado en esta teología, Parham fundó el movimiento llamado *Fe apostólica* y se lanzó a proclamar y difundir tan extraordinaria experiencia por todo el medio oeste americano.

En 1905 Parham se hallaba en Houston, Texas, dando una clase bíblica y explicaba que el bautismo con Espíritu Santo era confirmado por el hablar en lenguas. Entre sus estudiantes se encontraba el negro William Joseph Seymour, que estaba destinado a dar a conocer el pentecostalismo como un fenómeno religioso mundial.

Seymour fue invitado a ser pastor de una iglesia situada en Bonnie Brae Street en Los Angeles. En 1906 Seymour trasladó su congregación a un edificio que había pertenecido a la Iglesia Episcopal Metodista Africana, situada en el 312 de Azusa Street, en el centro de Los Angeles. El nombre de la nueva iglesia sería «Misión de la fe apostólica». Durante tres años condujo tres servicios diarios los siete días de la semana, en los cuales miles de personas recibieron el bautismo con Espíritu Santo atestiguado por hablar en lenguas. Al parecer, el Espíritu descendía sobre la mayoría de los que asistían al culto, experimentando toda clase de carismas, además de gritos incontrolables, lloros y risas. Muchos eran violentamente sacudidos por el Espíritu y rodaban por el suelo, cosa que le ganó a los primeros pentecostales el irónico apodo de «holy rollers» (santos rodadores).

La experiencia de Azusa Street parece ser el resultado de una mezcla de vivencias religiosas. Por un lado tenemos a blancos que pertenecían al movimiento de santidad; por otro, negros con una tradición cristiana arraigada en los años de esclavitud en el sur americano. De sus respectivas tradiciones —la de los blancos de la Appalachia y de los negros del sur— formaron un culto expresivo de adoración y alabanza, que incluía gritos y bailes. Esto, mezclado con la *glosolalia* y otros carismas, y con música de estilo negro, dio origen a un estilo de adoración sumamente atractivo a gente humilde, pobre y marginada, tanto en América como en el mundo entero.

El periódico *The Apostolic Faith*, enviado gratuitamente por Seymour a más de 50,000 suscriptores, contribuyó a difundir la noticia de algo que ha asombrado a muchos historiadores. El fenómeno de Azusa Street no ha sido todavía explicado. No es extraño que algunos historiadores consideren a William Seymour como «el más influyente líder negro de la historia religiosa americana».

3. *Expansión del pentecostalismo*

En un principio Azusa Street se convirtió en la Meca a donde todos debían ir para recibir la unción del Espíritu Santo. Con todo, sus seguidores muy pronto se dieron cuenta de que en todos los lugares de la tierra se podía recibir el don de lenguas.

Entre los peregrinos más famosos que llegaron a Azusa en 1906, se encuentra Charles Harrison Mason, cuyos padres, como los de Seymour, habían sido esclavos. Regresado a Memphis, Tennessee, fundó la Iglesia de Dios en Cristo que cuenta en la actualidad con casi seis millones de miembros. William H. Durham, de Chicago, también recibió la experiencia de las lenguas en Azusa Street en 1907; en 1914 fundó las Asambleas de Dios, que en la actualidad es el grupo más numeroso dentro del pentecostalismo, con más de dos millones en Estados Unidos y unos veinticinco millones difundidos por 150 naciones. A estos grupos y a otros no mencionados aquí, se les conoce como el «movimiento clásico pentecostal». A él pertenecen más de once mil subgrupos extendidos por todo el mundo.

Muy a su pesar, el pentecostalismo permaneció ignorado por la mayoría de las confesiones cristianas durante la primera parte del siglo XX. Pero los pentecostales descubrieron el potencial difusor de la radio y de la televisión y usaron estos medios para difundir la palabra de Dios y, como consecuencia, también se dieron a conocer. En ese sentido dos mujeres se adelantaron a los hombres como pioneras. Nos referimos a Aimee Semple McPherson y a Kathryn Kuhlam, tras ellas otras personalidades asumirían el liderazgo, personas como Oral Roberts, Jimmy Swaggart, T.D. Jakes, Benny Hinnn, Reinhard Bonnke, Jim y Tammy Faye Bakker, Paul y Jan Crouch.

4. El pentecostalismo carismático

Un fenómeno religioso de tal magnitud, y movido por las mejores intenciones, no podía mantenerse al margen sin penetrar, tarde o temprano, en las confesiones protestantes y católicas tradicionales. Así en 1960 se inicia una nueva ola de pentecostalismo, llamado movimiento «neo-pentecostal» o también «tercera ola». El pionero fue el sacerdote episcopal Dennis Bennett, rector de la iglesia de San Marcos en Van Nuys, California. Ese movimiento se ha extendido por todo el mundo, influyendo en más de cincuenta y cinco millones de personas.

El movimiento católico de renovación carismática se inició en Pittsburgh, Pennsylvania, en 1967, entre los estudiantes y la facultad de la universidad de DuQuesne. En los casi cuarenta años de existencia, más de setenta millones de católicos han pasado por esa renovación espiritual.

El movimiento carismático, lo mismo que el pentecostal, ha originado muchas canciones que expresan la devoción personal y comunitaria de la adoración, y su influencia musical en las demás confesiones ha sido notable.

A diferencia de otros grupos pentecostales, quienes siguieron el movimiento carismático no abandonaron su confesión religiosa, sino que permanecieron donde se encontraban, fieles al lema: «Florece donde Dios te ha plantado». Tampoco han dado tanta importancia al hablar en lenguas (algo que muchos protestantes consideran descontrolado e, incluso, para algunos, demoníaco).

5. Características del pentecostalismo

Se ha mencionado que el pentecostalismo sigue la doctrina básica protestante. Sin embargo, la principal determinante dentro del movimiento no es la doctrina, sino la experiencia. Dentro del mismo pentecostalismo no hay consenso en nada excepto en el bautismo en el Espíritu y en la práctica de los carismas o dones del Espíritu. Para unos grupos el hablar en lenguas, para otros la manifestación de otros dones, es la prueba del bautismo con Espíritu. En general se admite que el hablar en lenguas es un fenómeno milagroso que recibe el creyente sin tener conocimiento de lo que profiere.

Algunos grupos fundamentalistas, como los bautistas y reformados, difieren en opinión sobre el entendimiento pentecostal del bautismo con Espíritu y los dones asociados con éste. Los fundamentalistas creen que el bautismo con Espíritu Santo ocurre al principio de la salvación, y que los dones del Espíritu sólo fueron para los Apóstoles y gradualmente cesaron a medida que las Escrituras del Nuevo Testamento se fueron completando.

El servicio de adoración adquiere distintivo especial dentro del pentecostalismo. Se favorece un fluir suave y espontáneo del servicio a una estructura formal. Es el Espíritu el que dirige el acto cultual, y por lo mismo no hay medida del tiempo. La adoración puede durar dos, tres horas o más. En cualquier momento del acto se puede dar una manifestación del Espíritu como profetizar, hablar en lenguas, o sanar. A pesar de la espontaneidad, se podrían distinguir tres o cuatro secciones dentro del servicio: de veinte a cuarenta minutos de canto congregacional, la oración, los anuncios, y el sermón, a veces seguido de actividad carismática. La música es esencial, y aplaudir, elevar las manos y gritar se realizan con mucho celo y efusión emocional. La participación activa del pueblo es parte integrante y vida de la adoración. El pastor y el líder musical animan a la congregación a bailar y moverse al ritmo de la música. Los «amenes» y las «aleluyas» se insertan en cualquier momento del servicio. Se puede decir que el acto de adoración pentecostal es la obra del pueblo, es decir, liturgia, en el sentido estricto de la palabra.

También se puede considerar al movimiento pentecostal como una forma de renovación litúrgica, cuando la liturgia tradicional había decaído y se había estancado en una rutina medieval. Este movimiento busca sinceramente una intimidad con Dios. El pentecostal-carismático siente confianza y seguridad ante Dios en la adoración. Se ha dicho que los protestantes pueden hablar bien de

Dios, pero no se sienten tan seguros de hablar a Dios. El pentecostal está convencido de que puede experimentar directamente a Dios mediante la *glosolalia*, las profecías, las sanaciones y otras manifestaciones del Espíritu.

El pentecostalismo, además de hacer más viva, activa y participante la adoración, ha enfatizado otros elementos rituales sacramentales como la unción de los enfermos, el uso del aceite, los ayunos y las vigilias. Por ello al pentecostalismo se le califica a veces como la «tercera fuerza del cristianismo». La iglesia más grande pentecostal es la Yoido Full Gospel Church que se encuentra en Seúl, Corea del Sur. Fue fundada y ha sido dirigida desde 1958 por David Cho. En 2003 contaba con 780,000 miembros.

6. Conclusión

No sabemos en qué terminará el movimiento pentecostal. Nos recuerda a la *devotio moderna*, es decir, a la corriente espiritual que brotó en la segunda mitad del siglo XIV en los Países Bajos por obra de Gerardo Groote y de su discípulo Florencio Radewijns, y que duró hasta el siglo XVI. Se caracterizó más por lo afectivo y emocional que por lo especulativo, como reacción a la intelectualidad escolástica de los siglos anteriores. Luego desapareció, aunque nos dejó el famoso libro *La imitación de Cristo*, escrito por Tomás Hemerken de Kempis.

Las mayores críticas dirigidas a este movimiento son la carencia de una doctrina sólida y el excesivo énfasis en lo emotivo. Para muchos, la así llamada experiencia de Dios y el excesivo emocionalismo ofrecen un esfumado difícil de diferenciar, y algunos lo despachan rápidamente con explicaciones psicológicas y fisiológicas (por otro lado, sería bueno que los pentecostales leyeran el profundo misticismo de San Juan de la Cruz, que en la cumbre de la experiencia mística excluye toda manifestación corporal).

La única interrogante que nos atrevemos a formular sobre el movimiento pentecostal es la siguiente: ¿cómo un movimiento guiado por el Espíritu Santo puede desembocar en tantas divisiones y subdivisiones? Esto es algo que preocupa incluso a los mismos integrantes del movimiento. Mientras tanto, estamos seguros de que aquellos que en verdad reciben el Espíritu Santo han de dar frutos buenos.

TERCERA PARTE

El contenido litúrgico

En la parte histórica que acabamos de terminar, dimos un recorrido rápido sobre la evolución del culto cristiano. Ahora veremos con más detalle algunos temas que hemos tocado de pasada en esa sección. En concreto nos centraremos en el estudio de los sacramentos, de los sacramentales y de la palabra de Dios.

CAPITULO 6
Los sacramentos

A. *La cuestión de los sacramentos y su fijación*

Durante su estancia en la tierra, Jesús pasó el tiempo haciendo el bien a todos (Hch. 10:18). La gente andaba asombrada por sus acciones, por su modo de ser, y por las señales que efectuaba. Realizaba gestos misteriosos que daban resultados admirables. Tocaba los ojos y los oídos de los enfermos, e imponía las manos sobre niños y adultos. Acompañaba a unos y a otros en situaciones clave de la vida como bodas, horas de sufrimiento, en horas de intimidad, y comía con buenos y malos. La gente clamaba: «Nunca se ha visto cosa semejante en Israel» (Mt. 9:33). De esos gestos, la reflexión teológica posterior vino a fijar unos ritos que llamamos *sacramentos.* Vamos a ver cómo se desarrolló todo esto.

La palabra latina *sacramentum* significaba, en tiempos antiguos de los romanos, una promesa sagrada de fidelidad, simbolizada públicamente por un signo visible, como el depósito de dinero o un juramento de lealtad. Esa misma palabra latina se usaba para traducir el término griego *mysterion,* que hacía referencia a realidades ocultas o a ritos sagrados como los realizados en las religiones mistéricas orientales.

El apologista Tertuliano (220) fue el primero en usar la palabra *sacramento*, refiriéndose al bautismo, en el cual los iniciados hacían una promesa de fidelidad a Cristo. Durante la era patrística del siglo IV, los santos Padres empezaron a usar términos como «símbolo y realidad», y afirmaban que lo que le sucedió a Cristo en su misterio pascual, se realiza de forma semejante en los «iniciados». San Agustín (430) dio un paso más decidido en la doctrina del sacramento y lo definió como «un signo de algo sagrado» (Cartas, 138,1), y enumeró más de treinta sacramentos, entre ellos, el bautismo, la eucaristía, el misterio pascual, la imposición de las manos, la ordenación, la oración del Señor, el símbolo de la fe, la señal de la cruz, el ayuno, y otros. San Isidoro de Sevilla (636), consideraba sólo tres sacramentos: el bautismo, la eucaristía y la confirmación, y enseñaba que, tras la apariencia de los elementos sensibles, usados en esos ritos, Dios obra en secreto salvíficamente según el simbolismo de cada sacramento. Durante varios siglos los teólogos siguieron discutiendo y deliberando sobre cómo los sacramentos pueden ser al mismo tiempo signos y realidades salvíficas.

También los teólogos continuaron deliberando sobre la diferencia entre las acciones propiamente de «sacramento» de las llamadas «sacramentales». Pedro Damián (1072) afirmaba que había doce sacramentos: bautismo, confirmación, unción de los enfermos, unción de un obispo, de un rey, de un canónigo, de monjes y ermitaños, la dedicación de una iglesia, confesión, consagración de las vírgenes y matrimonio. Pedro Abelardo (1142) empezó a distinguir entre sacramentos mayores y menores, y enumeraba cinco: bautismo, crismación, eucaristía, unción y matrimonio. San Bernardo (1153) reconocía once, incluyendo el lavado de los pies.

Hacia el siglo XII empieza a decirse que Jesús instituyó los sacramentos como parte integrante de su plan de salvación. Finalmente, Pedro Lombardo (1160) determina que el número de sacramentos son siete, y otros opinaban los mismo, ya que para ellos el número siete indicaba totalidad, inclusión; por ejemplo, en siete días terminó Dios la creación; o el simbolismo de perfección cósmica: tres personas divinas y cuatro estaciones; esto indicaba que los siete sacramentos demostraban la presencia salvadora de Dios en todo tiempo. Tomás de Aquino, siguiendo a Lombardo, enseñó que los sacramentos causan lo que significan, y añade que «causan gracia». Esto fue algo nuevo.

En el siglo XVI los reformadores protestantes criticaron los abusos, rechazaron la noción escolástica de ofrecimiento de gracia a través de ritos eclesiásticos, y aplicaron criterios bíblicos más rigurosos sobre si Cristo instituyó esos ritos o no. Al final, se quedaron sólo con el bautismo y la comunión. A éstos, alguna otra confesión cristiana añade el lavatorio de los pies (Jn. 13:1-17).

Al tratar de los sacramentos por separado, puntualizaremos detalles sobre el pensamiento concreto de algunos reformadores. Baste indicar aquí que, como reacción a la interpretación casi mágica que se daba a los sacramentos, durante algún tiempo varios grupos de iglesias protestantes rechazaron el término de *sacramento* y prefirieron hablar de *ordenanzas*. El concilio de Trento (1545-1563) reafirmó la doctrina de los siete sacramentos, corrigió abusos, pero no resolvió las diferencias entre reformadores y católicos.

Hemos visto que San Agustín definió los sacramentos como signos de algo sagrado, más exactamente como «una señal externa y visible de una gracia interna y espiritual», y que, como Tomás de Aquino agregó, «causan gracia». Esto vino a plantear el problema sobre la eficacia de los sacramentos. Es decir, ¿tienen los sacramentos eficacia por sí mismos (*ex opere operato*), o depende su eficacia de la disposición de quien los administra (*ex opere operantis*), o de la fe de quienes los reciben? Se han dado las más diversas opiniones tratando de resolver este asunto tan complejo. Para un estudio más detallado sobre esto, recomendamos lo escrito por Justo L. González y Zaida Maldonado Pérez, en *Introducción a la Teología Cristiana*, obra publicada en esta misma colección.

Modernamente los teólogos han continuado discutiendo mucho sobre la naturaleza de los sacramentos. Una de las interpretaciones más significativas ha sido la ofrecida por el teólogo holandés Edward Schillebeekx, cuando habla de los sacramentos como «encuentros personales con Cristo». Según esa expresión Cristo es el sacramento central, «sacramento primordial». Los demás sacramentos son manifestaciones de este encuentro personal. Efectivamente, ¿de qué le sirve a un cristiano recibir cualquier sacramento, si la relación personal con Cristo es fría, monótona o indiferente?

El *Libro de Oración Común* habla de «dos sacramentos mayores: el bautismo y la eucaristía» y «otros cinco ritos sacramentales: la confirmación, la ordenación, el matrimonio, la reconciliación de un penitente y la unción de los enfermos». Esta concepción va de acuerdo con la más sana tradición de la Iglesia.

Para facilitar las cosas seguiremos considerando estos siete ritos sacramentales, como «sacramentos», sin ulteriores especificaciones. Damos por sentado que el lector conoce el fondo de la cuestión, y no olvida que dos de los sacramentos son mayores, y los otros cinco son ritos sacramentales menores. Por otra parte, así lo indicamos en los capítulos que siguen.

Capítulo 7
Los dos sacramentos mayores

A. El bautismo

El bautismo es la puerta de entrada a la vida cristiana. La palabra *bautismo*, de origen griego, significa «sumergir, lavar». Así, el bautismo es una inmersión o una ablución.

Al inicio de los evangelios aparece un personaje extraño, llamado Juan, vestido con piel de camello y que se alimentaba de saltamontes y miel silvestre. Su ministerio consistía en ir bautizando y predicando el arrepentimiento de los pecados. A él acudían multitud de personas de Judea y Jerusalén. ¿Qué impulsó a Juan a ejercer tal ministerio? ¿Cómo surge la práctica del bautismo si en el Antiguo Testamento no hay un rito correspondiente? A ciencia cierta nadie lo sabe. Se supone que surgió en los primeros años de nuestra era, ya que los rabinos, tras un período de intensa instrucción, bautizaban a los prosélitos de origen gentil, que se agregaban al pueblo judío. En ese rito se purificaban de las impurezas del mundo pagano y pasaban a participar de la historia judía: la salida de la esclavitud en Egipto, paso del mar Rojo y entrada en la tierra prometida. Algunos consideraban este bautismo tan necesario como la circuncisión.

El simbolismo del agua como elemento purificador ha sido una constante en todas las religiones. En el Antiguo Testamento aparecen varios acontecimientos que en el futuro se interpretarán como prefiguraciones del bautismo; por ejemplo, el diluvio y el paso del mar Rojo. En otros casos se establecen leyes de abluciones rituales que purifican y capacitan para el culto. Los israelitas se consideraban impuros si tocaban un cadáver, o tenían la menstruación, o un descargo seminal. Por eso, las abluciones rituales eran necesarias. Más tarde, los profetas anuncian una efusión de agua purificadora del pecado. El profeta Ezequiel culmina este proceso purificador ascendente con el envío del Espíritu de Dios (Ez. 36:24-28).

Según Josefo, los baños rituales eran comunes entre los esenios, así como en las comunidades de Damasco y Qumrán. Los monjes de Qumrán vivían en torno a una gran piscina en la cual se bañaban con frecuencia buscando pureza ritual.

Habiendo mencionado lo anterior, podríamos decir que el bautismo de Juan es especial; conferido en el desierto con miras al arrepentimiento, implica la confesión de los pecados y un esfuerzo de conversión definitiva. Juan anunciaba que los judíos habían desobedecido las leyes de Dios, de tal manera que habían dejado de ser judíos; con el bautismo se regeneraban. Sin embargo era sólo un bautismo de agua, preparatorio para el bautismo mesiánico con Espíritu Santo y fuego (Mt. 3:11).

El bautismo de Jesús es uno de los pocos acontecimientos atestiguados por los cuatro evangelios. La práctica del bautismo se menciona, de una u otra manera, en la mayoría de los libros del Nuevo Testamento. Jesús acude para ser bautizado por Juan y de esa manera se somete a la voluntad del Padre (Mt. 3:14), se sitúa humildemente entre los pecadores, y es el cordero de Dios que se ofrece por amor a una muerte redentora. En su bautismo se cumplen las promesas proféticas del pasado, y la reciente del Bautista: Jesús viene a bautizar con el Espíritu, a través de Jesús se revelará el Espíritu de Dios y su reinado.

La Iglesia primitiva entendió el bautismo como su participación en la muerte y resurrección de Jesús. Mediante el bautismo morían al pecado, se convertían en «cristos» y entraban en la comunidad de los creyentes, iniciando una vida nueva, fortalecida por el Espíritu que Dios había prometido (Rom. 6:1-14).

1. La práctica primitiva

El rito bautismal de la Iglesia primitiva siguió el modelo básico de los judíos en la conversión de los prosélitos. También contribuyeron en la formación del rito las costumbres de las religiones mistéricas. Los candidatos recibían una instrucción con examen (ayuno, actos de humildad e inmersión), eran marcados en la frente como soldados de la divinidad, se les daba miel (la comida de los bebés), se les ofrecía la mano derecha de compañerismo, y una comida de pan y vino mezclado con agua.

En la *Didajé* (año 60) ya se hablaba del bautismo que debía administrarse, a ser posible, por inmersión de lo contrario con tres afusiones. En la *Primera Apología* de San Justino Mártir (año 155) tenemos un testimonio cristiano de cómo se iba configurando el rito del bautismo. El candidato que manifestaba la intención de vivir conforme a la verdad cristiana debía observar un período de ayuno y rezar por la remisión de los pecados; la comunidad lo acompañaba en esa preparación, y era bautizado con esta fórmula: en el «nombre del Padre, Dios Señor de todo, y de nuestro salvador Jesucristo, y del Espíritu Santo».

En la *Tradición Apostólica* de Hipólito (año 215) encontramos una descripción más detallada. Los candidatos normales al bautismo son los adultos. A los niños se les menciona de pasada diciendo: «Se bautice primero a los niños...». Los adultos tenían que superar un escrutinio en el que debían manifestar, a los líderes de la comunidad, el porqué querían convertirse a la fe cristiana. Además, tenían que renunciar a ocupaciones incompatibles con la nueva fe: escultores o pintores de ídolos paganos, los militares debían prometer no matar, y las prostitutas, los magos y astrólogos tenían que cambiar de profesión. Es evidente que el compromiso adquirido con Cristo en el bautismo implicaba profundos cambios en la vida moral.

Quienes superaban el escrutinio inicial se convertían en *catecúmenos*. Esto implicaba un período de tres años, en los cuales, dirigidos por un maestro, recibían instrucción y oraban juntos. El maestro, de vez en cuando, imponía las manos sobre ellos, y los despedía con una bendición, ya que no podían asistir a la eucaristía. Tres años de preparación pudiera parecer demasiado, sin embargo, no se acortaba el tiempo ya que se consideraba necesario para efectuar un tránsito gradual de una vida centrada en uno mismo a otra centrada en Cristo. Si alguno era arrestado o moría durante ese tiempo, Hipólito dice que recibían un bautismo de sangre. Transcurrida la instrucción, eran examinados antes de entrar en la etapa final preparatoria para el bautismo que consistía en exorcismos, ayunos y confesión de los pecados. La ceremonia empezaba en la Vigilia pascual, antes del amanecer, para que el bautismo coincidiera con el amanecer en el día de Pascua de Resurrección.

El modelo de iniciación indicado por Hipólito y Tertuliano seguía los siguientes pasos: a) Catecumenado y preparación inmediata para el bautismo. b) Bendición del agua. c) La triple renuncia al mal: al demonio, a sus seducciones, a sus ángeles y obras. (Hipólito incluso menciona una unción de exorcismo). d) Luego descendían al agua —completamente desnudos, incluso despojados de todas las alhajas y adornos, para que el agua tocara todo el cuerpo—, acompañados de un diácono, que después de cada pregunta trinitaria (¿Crees en Dios, Padre todopoderoso? ¿Crees en Jesucristo?, etc.) los sumergía, y ellos respondían afirmativamente. e) Al salir del agua eran ungidos con el óleo de exorcismo por todo el cuerpo. Luego se los vestía con vestiduras blancas —en señal de inocencia— y eran conducidos ante el obispo. f) El obispo imponía las manos invocando el descenso del Espíritu Santo sobre ellos. Después de la oración, los ungía por tercera vez con el «óleo de acción de gracias», y finalmente, los marcaba en la frente; acto comparable con marcar ovejas, esclavos y/o soldados.

Terminados estos pasos, eran conducidos a la congregación y se intercambiaba el beso de la paz. La liturgia continuaba con la plegaria eucarística. Los nuevos cristianos recibían la eucaristía por primera vez. También recibían un cáliz con agua —probablemente significado de la pureza interior— y un cáliz con leche y miel, como símbolo de la comida del recién nacido, o de haber entrado en la tierra prometida. Toda la ceremonia se celebraba en un ambiente más bien oscuro. Debido a la *disciplina arcani* (disciplina del secreto), los iniciados no comprendían el verdadero significado de esos ritos. La experiencia era tan traumática que realmente tenían la sensación de haber muerto y renacido a una vida nueva de la que participaban con los que habían pasado por una experiencia semejante. Después de la Pascua los nuevos cristianos asistían a una serie de instrucciones impartida por el obispo, en las que explicaba el simbolismo de todo el rito de iniciación.

En un principio se prefería que el agua del bautismo fuera agua «viva», es decir, corriente. Para ello se llevaba a los candidatos a un río o riachuelo, se oraba sobre el agua y se procedía de la manera indicada, luego se dirigían a donde estaba la congregación esperándolos. Con el tiempo se edificaron bautisterios con agua corriente en la iglesia del obispo. En estos bautisterios había cubículos para que la gente pudiera cambiarse. Las mujeres candidatas eran atendidas por otras mujeres.

Durante muchos años el bautismo sólo se administraba el día de Pascua o, si era necesario, el de Pentecostés. Posteriormente, en vez de emplear tres años de preparación los candidatos dedicaban sólo unas semanas a la preparación intensiva antes de la Pascua. Ese período austero de preparación dio origen a la Cuaresma. Estas descripciones nos ayudan a comprender la práctica primitiva y cotejarla con otras aparecidas posteriormente.

2. La práctica medieval

Durante el siglo IV, al ofrecer Constantino libertad religiosa al cristianismo, desapareció la tensión que existía entre la Iglesia y el mundo pagano, algunos convertidos perdieron el celo inicial, y esto, sumado a la escasez de sacerdotes, condujo a una reducción del rito de iniciación.

Al llegar al medioevo nos encontramos con que la mayoría de los candidatos al bautismo son los niños. Han desaparecido los tres años rigurosos de preparación. La instrucción se hace antes del bautismo y al final del mismo se cubre al niño con una ropa blanca y se le da una vela.

Ya que algunos reformadores se mostraron opuestos a la ceremonia de la velita, hemos de indicar que desde el siglo II, en algunas zonas, al bautismo se le llamaba una «iluminación». Así, empezó a considerarse apropiado que al neófito se le diera una vela encendida o lámpara. Esta costumbre la describe Proclo de Constantinopla y mencionan otros escritores orientales, en la primera parte del siglo V.

El rito de iniciación primitivo perdió la majestuosa unidad que conservó durante muchos años y que caracterizó al gran acto público de incorporación a la Iglesia.

Sin embargo, antes de ofrecer una crítica negativa a la práctica medieval, hemos de preguntarnos sobre las razones del cambio. Algunas de ellas son las siguientes: a) Cuando en una zona la mayoría de la población se había convertido al cristianismo, el bautismo de adultos se hizo raro y se ofrecía sólo a los niños. b) En un principio se creía que el bautismo era la única opción para el perdón de los pecados y muchos retardaban el bautismo para una edad adulta tardía, mas cuando se fue desarrollando un sistema penitencial posterior al bautismo, éste empezó a ser administrado en una edad más temprana. c) La predicación de San Agustín sobre el pecado original heredado por todos los niños promovió el bautismo infantil. d) El bautismo se hizo más apremiante debido a la alta mortalidad infantil de aquel entonces.

En Oriente, el bautismo se impartía a los niños a los pocos días de nacidos, rompiendo así la unión con la Pascua. El ministro o sacerdote oficiaba todo el bautismo y crismaba (ungía) al niño con el óleo bendito por el patriarca, y el niño terminaba recibiendo la primera comunión.

En Occidente, en la mayor parte de Europa, hasta casi el siglo XV se bautizaba a los niños al poco tiempo de nacer, el sacerdote los ungía y recibían la comunión. Sin embargo, en Roma se impartían dos unciones, una por el sacerdote, y otra, para «completar» o «confirmar», por el obispo a los pocos días de la primera. Cuando Carlomagno impuso la unidad en todo el imperio al final del siglo VIII, empezó a practicarse la costumbre romana, pero en diócesis muy grandes el obispo no podía impartir la segunda unción hasta pasados varios años, con lo cual se retrasó el que los niños recibieran la comunión, y fue creándose paulatinamente el rito de la *confirmación*. Esta costumbre medieval de iniciación cristiana en dos momentos distintos fue aceptada por los reformadores y la Contrarreforma.

3. La Reforma y la Contrarreforma

Cinco objeciones ofrecían los reformadores al rito medieval del bautismo: a) La Escritura menciona que el bautismo se administre con agua y en nombre de la Trinidad. La bendición de la fuente, el uso de óleos, velas, sal y saliva, eran elementos innecesarios. b) Estas adiciones se prestaban a superstición. c) La costumbre prevalente de bautizar a los niños en cualquier momento y en una iglesia casi vacía, desdecía del sacramento, y oscurecía el elemento comunitario del bautismo. d) No se tenía cuidado de escoger a buenos padrinos. e) El servicio carecía de sentido porque se celebraba en latín.

Dadas estas objeciones se iniciaron reformas del rito en todas las confesiones cristianas. Aunque los anabaptistas se negaran a conferir el bautismo a cualquier persona que no pudiera hacer una confesión de fe por sí misma, el resto de los reformadores tuvieron que presentar las siguientes razones para bautizar a los niños: a) Los hijos de cristianos son también hijos de Abraham con quien Dios estableció un pacto que incluía a su descendencia. b) Como los niños judíos son recibidos en el pueblo de Dios mediante el rito de la circuncisión, los cristianos entran en él por el bautismo, contrapartida del rito judío. c) Jesús recibía y bendecía a los niños. d) El Nuevo Testamento demuestra cómo algunas familias se convertían en bloque, y entre ellas tenía que haber niños. Con todo, hay que indicar, incluso hoy día, hay confesiones cristianas que no admiten estos argumentos.

Lutero fue el primero en crear una liturgia bautismal en lengua vernácula. En ella se hizo famosa la «oración del diluvio» porque mencionaba el diluvio y el éxodo, como prefiguraciones del bautismo. Lutero entendió el bautismo como una garantía de la fidelidad y gracia divinas. La confirmación no añadiría nada al bautismo, pero un pastor, tras examinar la fe de los niños, podría «confirmarlos» con la imposición de las manos. Zuinglio, Bucero y Calvino presentaron una reforma del bautismo mucho más radical. Calvino acentuó que se trataba de una entrada en la sociedad de los redimidos. Sin embargo, dada su doctrina de la predestinación, el bautismo de los niños es de por sí ineficaz para la salvación.

La Iglesia anglicana, en el *Libro de Oración Común* de 1549, pedía que el bautismo se administrara los domingos u otros días festivos de gran concurrencia comunitaria. La primera parte del servicio debía tener lugar a la puerta de entrada de la iglesia y consistía en marcar al niño con una cruz en la frente y en el pecho, se hacía un exorcismo, la lectura del evangelio, la recitación del padrenuestro, y del credo de los Apóstoles. Luego, el sacerdote conducía al niño a la fuente bautismal, donde lo hundía tres veces (discreta y cautelosamente) pronunciando la formula trinitaria. Si el niño se encontraba débil o enfermo, se permitía el bautismo por efusión. Luego se vestía al niño con una vestidura blanca y finalmente se le ungía en la cabeza. Al final del servicio se instaba a los padres a que su hijo aprendiera el credo, el padrenuestro, los Diez Mandamientos, que escuchara sermones, y todo esto como preparación para la futura confirmación.

En la Iglesia católico romana, el concilio de Trento (1545-1563), impuso uniformidad. En los libros litúrgicos desapareció el bautismo de adultos, y quedó reservado sólo para los niños.

Una de las connotaciones más negativas del bautismo infantil viene dada por la incesante predicación de San Agustín, sobre la necesidad de bautizar a los niños para que se les «quite» el pecado original. Incluso hoy día, la inmensa mayoría de las familias traen a los niños con esa mentalidad. Así, por una predicación deficiente y desviada, se han ignorado los aspectos más importantes del bautismo: el morir y resucitar con Cristo, y el ser incorporados a la familia cristiana (la Iglesia, el pueblo de Dios).

4. La reforma del siglo XX

El documento *Sacrosantum Concilium* (1963) del concilio Vaticano II (1962-65) pidió que se revisara el rito del bautismo infantil. Así, en 1969 se publicó el documento *Rito del bautismo de niños*. Se recomienda que los niños sean bautizados cuanto antes y se ha de garantizar que sean educados en la vida cristiana; que el día más apropiado de bautismo es la Vigilia pascual o el domingo dentro de la misa, pero se pide que no se realice con mucha frecuencia en la misa del domingo.

Con el documento *Ritual de iniciación cristiana de adultos* (RICA) (1972) la Iglesia romana restauró el catecumenado de adultos, siguiendo muy de cerca el modelo del siglo IV. En ese proceso se efectúa toda la iniciación cristiana: bautismo, confirmación (que puede conferir el sacerdote, si no está el obispo) y comunión. Según este documento, el bautismo de adultos sería la «norma». Posteriormente se publicó otro documento *Pastoralis Actio*, indicando que eso no implicaba que la Iglesia deseara que se pospusiera el bautismo de bebés hasta la edad adulta.

En la Iglesia episcopal en Estados Unidos, el *Libro de Oración Común* de 1979 restaura el bautismo de adultos como el modelo que manifiesta el significado del sacramento. También se ofrece un rito para bebés y niños. La liturgia incluye la triple renuncia al mal y un triple compromiso con Cristo; la congregación emite una promesa de ayudar a los nuevos candidatos en su vida cristiana, una profesión de fe (llamada «pacto bautismal») que incluye la recitación del credo de los Apóstoles y otras promesas sobre la vida cristiana futura; una oración de acción de gracias sobre el agua (que incluye los principales símbolos bíblicos prefiguradores del bautismo como: la creación, el éxodo, y el bautismo, muerte y resurrección de nuestro Señor). Finalmente se bautiza al candidato con la fórmula trinitaria, derramando agua sobre la cabeza tres veces, o sumergiéndolo tres veces. Se impone la mano sobre la cabeza del bautizado y se le marca con una cruz en la frente diciendo: «(*Nombre*), quedas sellado por el Espíritu Santo en el bautismo y marcado como propiedad de Cristo para siempre». El rito termina con la paz, y continúa con la santa eucaristía. El ministro principal del sacramento es siempre el obispo, y los días más indicados para el bautismo son de la Vigilia pascual, la Pascua, el Pentecostés, de Todos los Santos, y el Bautismo del Señor. En ausencia del obispo bautiza el sacerdote. Se recomienda que, siempre que sea posible, se reserven los bautismos para estos días o para cuando esté el obispo. Se puede entregar una velita al nuevo cristiano o a los padrinos. La Iglesia episcopal también cuenta con el catecumenado de adultos, cuyo rito se encuentra en el *Ritual para ocasiones especiales*.

La tendencia moderna para restaurar el catecumenado de adultos se debe, en parte, a dos factores: a) la conversión de adultos en tierras de misiones, y b) a la conversión de adultos en países donde, debido a la secularización de la sociedad, al mismo tiempo se dan conversiones al cristianismo.

Las Iglesias metodista y luterana, en su nuevo libro de adoración, muestran una tendencia ecuménica de acercamiento. El rito luterano del bautismo restauró la «oración del diluvio». Los bautistas y otras confesiones protestantes en el mundo entero, no cuentan con un ritual fijo; con frecuencia las oraciones que usan para el bautismo son espontáneas, aunque todos usan la fórmula trinitaria.

B. La eucaristía

El sacramento de la eucaristía ha sido considerado en la tradición de la Iglesia como el segundo sacramento mayor. Por el bautismo entramos en la Iglesia, el pueblo de Dios. Por la eucaristía nos mantenemos unidos a Cristo, como el sarmiento a la vid, y crecemos espiritualmente gracias a la savia, a la gracia, que de él recibimos.

Una de las actividades más típicas de Jesús, narrada en los evangelios, era la «comensalidad». A Jesús le gustaba comer con buenos y malos, con justos y pecadores, y compartir con ellos palabras divinas. Luego, bendecía el pan y el vino. Entre los judíos abundaban las bendiciones en las comidas familiares, y en particular sobre el pan y el vino. Eran bendiciones de alabanza y de acción de gracias a Dios por los alimentos que ha dado a la humanidad. Para los judíos estas comidas, junto a las reuniones de la sinagoga, proclamaban y representaban la identidad de Israel como pueblo escogido de Dios.

En la primera multiplicación de los panes Jesús pronuncia una bendición (Mt. 14:19) y una acción de gracias (eucaristía) (Jn. 6:11). En la segunda multiplicación Mateo 15:36 menciona una acción de gracias, y Marcos 8:6s habla de una acción de gracias sobre el pan y de una bendición sobre los peces. En estos pasajes, Jesús está actuando según la genuina costumbre judía.

Los primeros cristianos siguieron esta tradición, pero ahora centrada en la muerte y resurrección de Jesús, y celebrada especialmente el día después del sábado, es decir, primer día de la semana, o domingo = día del Señor. Todos los escritos cristianos de los dos primeros siglos hacen referencia constante a esta costumbre comunitaria y *eucarística* (de acción de gracias, según la palabra griega), un término que vendría a suplantar la expresión de «Cena del Señor», como expresión común de las comidas cristianas.

Aunque no se puede asegurar con evidencia, se mantiene que Jesús instituyó definitivamente este rito como sacramento, en la Última Cena. Los testimonios los encontramos en Mateo (Mt. 26:26-29), Marcos (Mc. 14:22-25), Lucas (Lc. 22:14-22) y en la Primera Carta de San Pablo a los Corintios (1 Cor. 11:23-26).

Parece congruente que si la costumbre «eucarística» tenía raíces judías, y si además fue consolidada por Jesús como una comida de amor, fuera natural que sus seguidores continuaran ahora un rito al que Jesús había dado nuevas dimensiones con su vida, muerte y resurrección.

A pesar de los testimonios bíblicos, algunas cuestiones no se pueden dilucidar con suficiente evidencia. Por ejemplo, la regularidad de la celebración eucarística (¿todos los días de la semana [Hch. 2:46] o sólo el día del Señor?), y quién debía presidirlas. Sin embargo, a pesar de la falta de datos sobre cómo se celebraba en el siglo primero, no se puede dudar que la eucaristía era el alma y vida de la Iglesia primitiva.

1. La práctica primitiva

Hasta mediados del siglo segundo no contamos con ninguna plegaria eucarística. Justino Mártir hacia el año 155 escribió una descripción de la eucaristía que parecía más bien la cristianización de las bendiciones judías de la comida. Justino dice que el primer día —conocido como domingo— todos los que vivían en las ciudades o en los pueblos se reunían en un lugar. Ahí se leían los escritos de los profetas y las memorias de los apóstoles. Seguía la oración eucarística con el pan y el vino. El servicio ya no se celebraba por la noche, sino por la mañana, y no había una cena completa. Por San Pablo y los de Corinto (1 Cor 11:17-34), conocemos los problemas que surgieron al celebrar la eucaristía dentro de una comida regular. En una de las descripciones Justino dice que los recién bautizados se «congregaban con los hermanos» para las oraciones comunes y el beso de la paz, que significaba reconciliación, según lo mandado por el Señor en Mateo 5:24. Después llevaban al que presidía (el obispo) el pan y el vino (éste mezclado con agua, para indicar sobriedad), quien los recibía dando gracias a Dios por la creación y la redención a través de su Hijo y del Espíritu Santo. También daba gracias extensivas por haber sido considerados dignos de recibir tales dones. Toda la comunidad asentía respondiendo con un Amén. Acto seguido, los diáconos ofrecían pan, vino y agua a los presentes, y también lo llevaban a quienes por razón de enfermedad u otra causa no habían podido asistir. Uno de los detalles que más destaca en la narración de Justino es el carácter comunitario de la eucaristía y en particular la respuesta del *amén*, expresando la atenta participación de todos los presentes en la celebración.

Otra descripción de la eucaristía, medio siglo después pero con más detalles, la encontramos en la *Tradición Apostólica* de Hipólito. En el capítulo cuarto habla de la ceremonia de un obispo recién consagrado, donde sigue el mismo orden indicado por Justino. En el capítulo veintidós, en una breve mención de la eucaristía pascual, indica cómo el obispo parte el pan, y lo distribuye con el vino ayudado por los presbíteros y los diáconos. También se administran a los recién bautizados copas de agua, leche y miel, símbolos del bautismo y del final de los tiempos. Se hace una breve mención de la eucaristía celebrada los sábados y domingos.

Desde las primeras descripciones de la eucaristía queda bien claro que puede dividirse en dos partes, que, en ciertos casos, pueden celebrarse en lugares diferentes. La primera se deriva del servicio de lecturas y oraciones en la sinagoga, y la segunda de las palabras y acciones del Señor en la Última Cena. Tertuliano se refiere a ellas como: el ministerio de la palabra y el ofrecimiento del sacrificio. Hasta finales del siglo IV, tanto en Oriente como en Occidente, el servicio se iniciaba después de una invitación del obispo o del diácono con las lecturas apropiadas.

Los casos de Justino e Hipólito son testimonios de un período de desarrollo ritual eucarístico anterior a «la paz de la Iglesia» en el siglo IV. En el correr de este siglo se encuentra mayor evidencia de que la práctica eucarística se extiende por doquier. En general esta evidencia es palpable con relación a centros como Alejandría, Antioquía, Jerusalén, Constantinopla y Roma. El esquema litúrgico —la entrada de los sacerdotes a la iglesia, el beso de la paz, el ofertorio, la fracción, la comunión y la despedida— en este tiempo de tranquilidad, se va redondeando y embelleciendo con oraciones y cánticos. Así, desde finales del siglo IV en adelante, se van formando en la Cristiandad familias de liturgias, cada una con sus peculiaridades propias. En Oriente tenemos las liturgias Sirio-Antioqueña y Jacobita, Maronita, Asirio-Caldea o Nestoriana, Sirio-Malabar, Bizantina, Armenia, Copta, y Etíope. En Occidente contamos con la Africana, Romana clásica, Ambrosiana, Hispano-Mozárabe, Galicana y Celta. Dar una explicación de todas las liturgias, incluso somera, supera los límites de esta obra. Lo dejamos para quienes deseen profundizar más este campo.

2. La práctica medieval

En los primeros años de la Edad Media se inicia en Roma una corriente hacia la centralización y uniformidad. Se empieza a enfatizar el aspecto sacrificial de la misa, la presencia de Cristo localizada en el pan y el vino, y las interpretaciones alegóricas en torno al altar. Estas tendencias empezaron a embargar al pueblo de un sentido de reverencia y admiración hacia la eucaristía. Cundió la idea de indignidad ante la sublimidad de tan alto misterio; la gente abandonó la comunión, se entregó a actos penitenciales y a adorar la eucaristía de lejos, creyendo que ello sería suficiente para obtener efectos salvíficos.

Este entendimiento físico y carnal de la eucaristía siguió creciendo hasta ya bien entrada la Edad Media, cuando llegaron los escolásticos para esclarecer el asunto. El concilio Laterano IV (1215) empezó a usar el término *transubstanciación* para describir el cambio del pan y vino en el cuerpo y la sangre de Jesucristo. Pero fue Tomás de Aquino (1225-1274) quien aplicó categorías metafísicas a un asunto que se había tornado físico. Así, explicó que las apariencias, los accidentes, eran de pan y vino, pero que la substancia, se había convertido en el cuerpo y sangre de Cristo. Sin embargo, aunque esta explicación se adujo para combatir una interpretación demasiado realista, tan sofisticados matices no iban a ser bien entendidos por la mayoría y quedarían asociados a una presencia carnal de Cristo en los elementos consagrados.

Queda indicado cómo esta teología cada vez se perdía más por caminos sinuosos, y empezaron a multiplicarse las misas privadas, con estipendios que podían acortar la estancia en el purgatorio. También se indicó cómo Lutero creyó que después de la consagración, el pan y el vino seguían siéndolo, al paso que se daba la nueva presencia real de Cristo y cómo para Zuinglio más bien se trataba de una presencia meramente simbólica. Modernamente se han ofrecido otras interpretaciones como: la *transfinalización*, según la cual se cambia el fin a que está determinado un objeto en otro; o la *transignificación*, por la cual se cambia el significado de un objeto, y pasa a significar otra cosa. Ni éstas, ni otras soluciones presentadas, pueden en definitiva resolver un asunto que creemos cae de lleno en el campo de la fe.

Sin embargo, lo que más ardientemente se deseaba en el siglo XVI era una renovación litúrgica de la eucaristía. Se ha indicado cómo la Reforma protestante lo consiguió, aunque no de una forma totalmente satisfactoria, y cómo la Contrarreforma congeló una práctica medieval de rubricismo y aislamiento del pueblo de una participación comunitaria y consciente en la santa eucaristía. Una reforma más convincente llegaría en el siglo XX.

3. *La reforma del siglo XX*

El concilio Vaticano II, en la constitución *Sacrosanctum Concilium* sobre la sagrada liturgia presentaba una reforma mucho más positiva. Se establecen dos principios, uno que afecta en general a toda la liturgia, y otro específicamente sobre la eucaristía. El primero dice así:

> La santa madre Iglesia desea ardientemente que se lleve a todos los fieles a aquella participación plena, consciente y activa en las celebraciones litúrgicas que exige la naturaleza de la liturgia misma, y a la cual tiene derecho y obligación, en virtud del bautismo, el pueblo cristiano (14).

El segundo reza de esta manera:

> Por lo tanto, la Iglesia, con solícito cuidado, procura que los cristianos no asistan a este misterio de fe como extraños y mudos espectadores, sino que, comprendiéndolo bien a través de los ritos y oraciones, participen consciente, piadosa y activamente en la acción sagrada, sean instruidos con la palabra de Dios, se fortalezcan en la mesa del Señor, den gracias a Dios, aprendan a ofrecerse a sí mismos al ofrecer la hostia inmaculada no sólo por manos del sacerdote, sino juntamente con él; se perfeccionen día a día por Cristo Mediador en la unión con Dios y entre sí, para que, finalmente, Dios sea todo en todos (48).

Estos dos principios parecen tan acertados que se pueden considerar válidos para todas las confesiones cristianas.

La reforma litúrgica efectuada en la segunda parte del siglo XX en la mayor parte del cristianismo ha llevado a la práctica, cumplidamente, esos principios. Ello ha logrado que, en general, las confesiones cristianas se hayan acercado más unas a otras.

Capítulo 8
Otros cinco ritos sacramentales

A. *La confirmación*

Acercarnos a la confirmación es adentrarnos en un mar de incertidumbre. Algo paradójico, porque si nos atenemos a ciertos textos bíblicos y a la práctica primitiva de iniciación, este rito pudiera parecer diáfano. Sin embargo, alguien ha dicho que la confirmación es un rito en búsqueda de una teología. Según otros, sería más correcto afirmar que hay varias maneras de confirmación en búsqueda de una teología. En este ambiente de ambigüedad se encuentran los teólogos de las confesiones cristianas. El término *confirmación* es propio de Occidente, en Oriente se usa *crismación*. Ambos términos hacen referencia a la misma realidad, es decir, al gesto de ungir con el crisma (mezcla de aceite y bálsamo) bendita en la misa que el obispo celebra con sus sacerdotes el día de Jueves Santo, o un día antes, según convenga.

Algunos pasajes bíblicos, especialmente del libro de los Hechos (2:37 y capítulos 8 y 19), parecieran indicar que la imposición de las manos para recibir el Espíritu Santo es un rito nuevo y diferente. A estos textos se responde diciendo que se trata de una continuación de un bautismo incompleto en el que no se había recibido todavía el Espíritu. En este punto habría que decir que en las Escrituras unas veces se recibe el Espíritu después del bautismo, otras antes; unas veces imponiendo las manos y otras sin hacerlo.

Al hablar del bautismo hicimos referencia al documento *Tradición Apostólica*, según el cual al final del rito del bautismo, realizado por un presbítero o un diácono, el obispo «completaba» o «confirmaba» el proceso de iniciación, con otra unción e imposición de las manos. Según unos autores, este fue el origen del nuevo sacramento. Según otros, el rito final del obispo no era más que una forma solemne de despedida.

Históricamente, no hay duda de que el rito episcopal, añadido al bautismo descrito en la *Tradición Apostólica*, dio origen a la confirmación. Más tarde, cuando la práctica de bautizar a personas adultas fue decreciendo y la de bautizar a bebés creciendo, y, más aún, cuando el bautismo dejó de ser administrado en la Vigilia pascual, el niño bautizado por el presbítero debía ser presentado a los pocos días al obispo para que «completara» o «confirmara» la iniciación cristiana. Esto era fácil en diócesis pequeñas como la de Roma, pero en otras de gran extensión, el obispo no podía cumplir con ese requisito sino después de meses o incluso años. Cuanto más crecía el cristianismo, más difícil se hacía la pronta acción del obispo. En el siglo IX, al imponerse uniformidad ritual en todo el sacro Imperio romano, la iniciación cristiana vino a quedar establecida de esta manera: bautizo a bebés, confirmación hacia los siete años y luego primera comunión.

Incluso todavía en el siglo XIII, en algunas diócesis y concilios ingleses se continuaba luchando para que el lapso de tiempo entre el bautismo y la confirmación fuera el más corto posible. Un niño debía ser confirmado dentro de su primer año, (concilio de Worcester, 1240), o cuando tuviera tres, (concilios de Winchester, 1262; Exeter, 1287), o cinco años (Richard Poore de Salisbury, 1217) o siete (concilio de Durham, 1249). Isabel I de Inglaterra fue bautizada y confirmada a los tres días de nacer.

Así pues, lo que en un principio era una participación del obispo en bautismos administrados por sus presbíteros y diáconos, con el tiempo se convirtió en un nuevo rito de «confirmación» y cada vez más retrasado. De hecho, el término *confirmación* no aparece hasta mediados del siglo V en la región de sudeste de lo que hoy es Francia. Al encontrarse de repente con un rito nuevo surge la necesidad de darle una explicación teológica. La pregunta explícita se hizo de esta manera: ¿Después del misterio del bautismo, qué bien puede conferir el ministerio de la confirmación?

La respuesta nos la da un obispo semipelagiano de la misma región francesa, llamado Fausto de Riez, que en una homilía pronunciada el día de Pentecostés, trataba de convencer a la gente de que viniera a recibir la acción del obispo, y lo argumentaba de esta manera: la confirmación es necesaria para todos los niños que superan la infancia y han de vivir en un mundo de aflicción y de lucha constante; la confirmación los provee de armas para la batalla. La confirmación protege, a los regenerados en el bautismo de Cristo, con un aumento de la gracia. Los bautizados son fortalecidos y «confirmados para la batalla».

Este obispo galicano dio un rumbo nuevo y desconocido a una práctica ritual intrínsecamente ligada al bautismo. La explicación de Fausto fue aceptada por la escolástica medieval con la agravante de que paulatinamente se fue insistiendo en «la fortaleza recibida» en el sacramento, con olvido del Espíritu Santo. Los conceptos de fortaleza y madurez espiritual los encontramos ligados por Santo Tomás de esta manera: así como el bautismo se relaciona con el nacimiento, la confirmación se relacionaría con el crecimiento, y la eucaristía con el alimento espiritual.

La explicación definitiva del nuevo sacramento sería: un aumento de la gracia para crecer espiritualmente, de fortaleza para luchar en un mundo hostil y para predicar con audacia la fe. Todavía de pequeños en el catecismo estudiábamos que por la confirmación «nos hacemos soldados de Cristo». En el libro pontifical de William Durand, obispo de Mende, se encuentra la primera referencia a la *bofetada* que se debía dar a los «confirmados» para recordarles que eran soldados de Cristo. Esa costumbre permaneció hasta nuestros días y fue algo que se grabó en las mentes del pueblo. La función del Espíritu Santo, aunque no ausente del rito, había sido relegada a un segundo plano.

Con un rito separado ya de la acción iniciadora bautismal y con una explicación teológica, los teólogos medievales pudieron incluirlo entre los siete sacramentos, y así lo definió el concilio de Trento en la séptima sesión en 1547, estableciendo que la edad de recibirlo era definitivamente los siete años.

En el siglo XVI los reformadores rechazaron la confirmación como innecesaria, ya que el bautismo era suficiente para entrar en la Iglesia y recibir el Espíritu Santo. Sin embargo, desarrollaron ritos de confirmación que culminaban el proceso catequético y serían administrados durante «los años de discreción». De esta manera trataban de recobrar, en cierto modo, el antiguo catecumenado de tres años exigido a los adultos antes de ser bautizados. Además, lo veían como una continuación de algo que empezó a crecer a partir del siglo XIII: ante la imposibilidad de confirmar a los niños cuanto antes, se estableció que la edad de la confirmación sería los siete años. Durante esos siete años el niño había de aprender los rudimentos doctrinales de la fe, como el credo, el padrenuestro y el avemaría. Así, Lutero permitía que un presbítero «confirmara» a los niños imponiéndoles las manos, pero antes tenían que demostrar conocimiento del credo, de los Diez Mandamientos, del padrenuestro y de los sacramentos. Erasmo y Martín Bucero, añadían que el rito debía ser una prerrogativa del obispo. A Calvino le desagradaba la crismación que daba el obispo, y reconocía que en un tiempo hubo una forma pura de «confirmación», en la cual los niños, después de haber recibido una instrucción, confesaban la fe y recibían la imposición de las manos como una «bendición». Estos autores siguen hablando de la «fortaleza» de los dones del Espíritu Santo, irónicamente, anclados más en una doctrina medieval que en la primitiva. En la Comunión anglicana, en los libros de oración de 1549 y 1552, la liturgia de la confirmación permaneció sustancialmente inalterada respecto de la práctica medieval.

En la práctica actual, en la Iglesia católico romana el sacramento de la confirmación se administra de las dos formas históricas mencionadas: para adultos, como conclusión del bautismo; y para los niños se mantiene la forma medieval. En las Iglesias luterana y episcopal, la confirmación está desligada del bautismo, y no se puede repetir. Se imparte por la imposición de las manos. En otras confesiones cristianas sencillamente se declara a los candidatos «miembros» de la iglesia, con todos los derechos y obligaciones.

Terminamos como iniciamos. Los autores están de acuerdo en que todavía reina más confusión que claridad en la práctica y entendimiento de este rito. Mientras unos ven el bautismo como el sacramento de entrada en la Iglesia, y la confirmación como la recepción del Espíritu Santo, otros creen que la confirmación debe ser la conclusión del rito necesario para entrar en el cuerpo de Cristo. Siguiendo la teología medieval, si la confirmación representa un fortalecimiento espiritual ¿por qué no se ha de repetir varias veces en la vida, como la confesión y la eucaristía? Otros mantienen que esa doctrina es más significativa asociada al catecumenado y al bautismo, que a la confirmación.

B. *La reconciliación*

El perdón de los pecados, fruto de la misericordia divina, es evidente en el evangelio de Jesucristo. Se puede afirmar, sin lugar a dudas, que la característica más genuina del actuar de Jesús fue su enorme compasión por los pecadores. Jesús apareció en un momento de la historia judía cuando una elite minoritaria se había proclamado a sí misma como la escogida de Dios —«los santos de lo Alto»— y el resto de la población como pecadora y marginada. He aquí que aparece Jesús brindando esperanza a todos y manifestando un inmensurable amor divino. Jesús demostró palpablemente que el ser humano es más injusto y más dado al castigo, que el amor infinito de Dios. Parábolas clásicas de los evangelios, como la mujer sorprendida en adulterio (Jn. 8:1-11); la curación del paralítico (Mc. 2:1-5); el hijo pródigo (Lc. 15:11-32), demuestran que el amor de Dios no tiene límites.

La confusa historia del rito sacramental de la reconciliación se simplifica con frecuencia, hablando de la penitencia «pública» en los tiempos antiguos y la penitencia «privada» de los medievales. Esta distinción, fruto de las polémicas reformistas del siglo XVI, no refleja la variedad de formas que esta práctica revistió hasta la Alta Edad Media. No podremos entrar en una narración detallada, solamente nos detendremos en lo más destacado.

Hemos de tener en cuenta dos factores que influían en la mentalidad de los primeros cristianos: a) la creencia de que el final de los tiempos era inminente, y b) el perfeccionismo que buscaban aquellos cristianos donde no cabía la posibilidad de volver a pecar. La experiencia les demostró el error en ambos casos.

En un principio, algunos líderes cristianos siguieron usando la práctica de la sinagoga, excluyendo a los pecadores de la comunidad y readmitiendo a los arrepentidos (Mt. 18:15-18; 16:19); otros pensaban que la oración mutua era suficiente para perdonar los pecados (Stg. 5:16); mientras que otros consideraban que la oración no bastaba para ciertos pecados notorios (1 Jn. 5:14-17).

Las doctrinas de Montano y Novaciano, que negaban la reconciliación de pecados graves, condujo al desarrollo de una «institución penitencial» —que se extendió en los centros urbanos durante los dos primeros siglos— y consistía en una práctica paralela al catecumenado. En ella se ofrecía instrucción a quienes no habían recibido suficiente formación bautismal para superar la tentación del pecado. La comunidad recibía a los penitentes en una liturgia de acción de gracias. Superadas las controversias de aquellos años, la institución penitencial se ofreció opcionalmente a todos los pecadores arrepentidos. Cuando éstos daban pruebas de suficiente madurez, eran reconciliados con el resto de los fieles en una liturgia presidida por el obispo y en la que imponía las manos a los penitentes. Sin embargo, el arrepentimiento y la conversión espiritual quedaban simbolizados en el llorar, vestirse con ropas ásperas, cubrirse de ceniza, orar, ayunar y dar limosna. En pecadores no públicos estos actos penitenciales eran suficientes para una reconciliación. El único caso de penitencia «privada» en ese período primitivo se daba con los moribundos, en cuyo caso se prescindía del proceso de conversión supervisado. La lucha contra los montanistas y los novacionistas ayudó a clarificar que la Iglesia puede mediar en el perdón divino.

A partir del siglo IV, y conforme los cristianos fueron perdiendo el fervor primitivo y no llegó el fin del mundo, pocos entraban por fervor en esa «institución penitencial». Así que con el tiempo fue considerada como algo obligatorio. Para el siglo VI se había convertido en una práctica reservada para los moribundos.

Las invasiones de los bárbaros, y la insuficiente evangelización que se les daba, condujeron a la desaparición de ese orden penitencial. Del siglo VI al IX, monjes irlandeses se encargaron de implantar una costumbre penitencial que cubría el desentendimiento de los obispos ante una necesidad pastoral. Dichos monjes difundieron la práctica de confesar privadamente los pecados, que ahora se veían más como una mancha y deuda contraída contra Dios, que una rehabilitación eclesial. A cada pecado correspondía una satisfacción penitencial que se podía encontrar en unos libros llamados *penitenciales* (un opúsculo del siglo XVII enumera 2753 modos de pecar, y a cada cual correspondía su apropiada penitencia). Esta nueva praxis penitencial empieza a llamarse «confesión».

La innovación que los monjes (no todos eran sacerdotes) ofrecían, era conveniente: no había estigma social, no se daba conocimiento público, no tenía consecuencias para el resto de la vida, se podía repetir cuantas veces fuera necesario, y ofrecía al penitente mayor sentido de seguridad, en una época en la que abundaban el miedo y la ansiedad.

A medida que la práctica se fue extendiendo durante los siglos VIII y IX, los obispos empezaron a reaccionar contra ella, porque los monjes estaban introduciendo una novedad que iba en contra de los cánones de la Iglesia e ignoraba la presencia del obispo y su imposición de manos sobre los penitentes. Se trató de llegar a un acuerdo, reservando los crímenes notorios para una penitencia canónica y los demás pecados para una confesión privada, y enfatizando que la absolución debía ser impartida por un sacerdote; mas, con el andar del tiempo terminó imperando la costumbre introducida por los monjes.

Esta confesión privada fue una adaptación a una necesidad pastoral. Con todo, se dieron otras formas prominentes de conversión y reconciliación de índole comunitaria. A partir del siglo X, al inicio de la Cuaresma, se imponía ceniza sobre todos los cristianos en señal de penitencia, y se usaron otros medios penitenciales. Del siglo IX al XIV también con frecuencia se daba la absolución de forma comunitaria en la misa, especialmente cuando se esperaba que la gente comulgara.

En el siglo XII, la combinación ritual de confesión y absolución vino a reemplazar la de confesión y satisfacción, como factor central para lograr el perdón divino. Esta doctrina fue elaborada por los escolásticos. Pedro Lombardo y Abelardo (1142) enfatizan el acto de contrición, la conversión de corazón. Es decir, si tenía suficiente contrición, el pecador estaba ya perdonado, incluso antes de la confesión. Pero la mayoría de los teólogos y canonistas empezaron a insistir en la importancia de la absolución impartida por el sacerdote. La práctica primitiva no incorporaba la absolución como parte de la reconciliación. Los padres del concilio de Trento, desconociendo la historia, confirmaron una doctrina desconocida en la Iglesia primitiva. Trento insistía en la confesión de todos los pecados mortales, en número y especie, incluyendo las circunstancias que pudieran modificar la naturaleza de los mismos. Así, de repente la confesión se convirtió en un sacramento instituido por

Cristo, y exigido para lograr el perdón de Dios por los pecados graves. Con el tiempo esta confesión se hace mecánica y trivial. También se la conectó con la doctrina del purgatorio y de las indulgencias, degenerando a veces en casos lamentables.

Los reformadores protestantes rechazaron esta fórmula de confesión y absolución, declarando que había sido una invención del concilio Laterano IV (1215). Sin embargo, durante cierto tiempo, Lutero mantuvo una postura ambivalente, con frecuencia dispuesto a reconocer la reconciliación como un tercer sacramento evangélico y para el que proveyó formularios con absoluciones, pero siempre rechazó los actos de penitencia o de satisfacción. La confesión privada tampoco podría imponerse a nadie, aunque se consideraba normal como preparación para la comunión; también se permitía la confesión ante un seglar. Calvino negaba la naturaleza sacramental de la confesión privada, pero admitía la absolución como una ceremonia orientada a confirmar la fe en el perdón de los pecados. Los reformadores ingleses, así como los luteranos y calvinistas, proclamaron un evangelio del perdón. Insistieron en que la gracia divina se ofrecía libremente a todo pecador arrepentido, y que la confesión había de realizarse en un medio público, con una confesión general. El pueblo debía reconocer en sus corazones los pecados, al paso que recitaba la fórmula confesional en voz alta. La absolución sería completa, gratis, y pronunciada en todo servicio, incluidos la eucaristía y los oficios divinos.

El actual *Libro de Oración Común* de la Iglesia episcopal ofrece las dos opciones: reconciliación comunitaria en el culto divino, y confesión privada. Esta última no es obligatoria y normalmente se rige por esta fórmula: «Todos pueden, algunos debieran, ninguno está obligado».

En la Iglesia católico romana, antes del concilio Vaticano II (1962-65) y en años posteriores, se intentó implantar la práctica comunitaria de la Iglesia primitiva. Sin embargo, durante su pontificado el papa Juan Pablo II se ha encargado de fortalecer la confesión individual.

El ministerio y la teología de la Iglesia primitiva vieron la conversión individual y el perdón relacionados con la comunidad de la Iglesia, mientras que la teología medieval se centró en el perdón de los pecados del individuo. Modernamente la mayoría de los teólogos está de acuerdo en que este sacramento debe tener un carácter social y eclesial, debe realizarse en un acto de adoración, y la celebración sacramental debe conducir a los convertidos a una misión de reconciliación eclesial.

C. La ordenación ministerial

Entrar en el sacramento de la ordenación presenta arduas dificultades a pesar de los excelentes estudios que se han realizado en la teología moderna. La dificultad parte del mismo Nuevo Testamento, donde no se encuentra el término *ordenación*, y el que se usa de *ministerio* incluye variedad de servicios que no implican «orden o estado», ni distinción entre laicos o clérigos. El énfasis del ministerio en el NT recae en el «servicio» iniciado por Dios (1 Co. 12:6), según el don primordial de Jesucristo (Ef. 4:7-12) y del Espíritu Santo (1 Co. 12:4-11; Hch. 20:28) para el bien de la Iglesia, el cuerpo de Cristo.

Los servicios ministeriales mencionados en el NT podrían agruparse en cuatro categorías. Los *doce* escogidos por el mismo Jesús; los *apóstoles* cuya importancia es establecida por San Pablo; los *profetas y maestros* que reciben de Dios «don y carisma» (1 Co. 12:28); y los *líderes de la comunidad* que son designados de varias maneras: «líderes-guías» (Heb. 13:7), «presbíteros-ancianos» (Hch. 11:30; 1 P. 5:1; Stg. 5:14); «epíscopos–vigilantes» (Hch. 20:17,28; Flp. 1:1; Tit. 1:5) y «asistentes-diáconos» (Flp. 1:1; 1 Tim. 3:1). A pesar de esta diversidad, en el NT se nota una tendencia a la unidad y uniformidad que fraguarán en años subsiguientes.

Los expertos en esta materia no están de acuerdo sobre cómo surgieron estos líderes en la Iglesia primitiva. La tendencia moderna es considerar que aparecieron de varias maneras en diferentes comunidades y con diferentes órdenes eclesiásticas, aunque no se conoce ningún rito específico. Sin embargo, hay datos que apuntan en una dirección constante. Uno de ellos es la imposición de las manos.

El NT menciona la imposición de las manos, el ayuno y la oración como ritos y modos de elegir ministerios; véanse algunos de estos textos: Hch. 6:6; 13:3; 1 Ti. 4:14; 2 Ti. 1:6; 1 Ti. 5:22. Con todo, los expertos insisten en que no hay evidencia de que estos modos de comisionar sean los mismos en todos los lugares. Pero van a influir en las generaciones siguientes.

1. La práctica primitiva

En el siglo II, el episcopado, el presbiterado y la diaconía emergen por casi todas partes como las formas más constantes de ministerio. Ignacio de Antioquía, preocupado por la unidad de la comunidad cristiana, enseña que esa unidad se mantiene en la persona del obispo, que representa a la paternidad divina en la comunidad, preside el concilio de los ancianos, y es asistido por los diáconos. No acentúa el significado del obispo en su capacidad individual, sino en cuanto es modelo de Dios como padre de la comunidad, como los diáconos son modelo de Jesucristo, y los presbíteros de los apóstoles. El obispo preside, pero sobre el colegio de los presbíteros, como Cristo lo hizo sobre los apóstoles. Así, este orden —obispos, presbíteros y diáconos— es una innovación que obedece a una necesidad histórica y teologal del siglo II.

Tertuliano fue el primero en usar los términos *ordo-ordinare-ordinatio,* incluyéndolos en la terminología cristiana. No tienen todavía la connotación que adquirirán más tarde, pero sirven para indicar una función y autoridad en la Iglesia, y distinguir a ese grupo del más amplio de los *laici,* o laicos.

En el siglo III hay más claridad en el rito de la ordenación. En la *Tradición Apostólica,* Hipólito menciona que el obispo, el presbítero y el diácono son ordenados por el obispo en un rito litúrgico en el que la imposición de las manos y la oración juegan el papel más importante. El obispo ha sido escogido por la comunidad y, probablemente, también por los otros ministros. El oficio del obispo implica primariamente funciones litúrgicas que con el tiempo ejercerán también los presbíteros.

En algunos lugares la ordenación de obispos requiere la aprobación de los obispos vecinos o del sínodo provincial, manifestando de esta manera interés por una sucesión apostólica, una unidad y comunión de las iglesias, así como el realce personal y eclesial del obispo. Sin embargo, según algunos teólogos modernos, «sucesión» en los tres primeros siglos no significa primariamente una secuencia directa de personas, sino una unidad interior y continuidad de doctrina apostólica en la Iglesia.

Aunque empieza a surgir cierto carácter jurídico en la ordenación, el énfasis todavía es espiritual. Los candidatos han de demostrar rasgos de santidad, y la ordenación se hace para la misión de Dios en la autoridad de Jesucristo.

Vemos cómo se va consolidando un rito que esencialmente consistirá en: la imposición de las manos; oraciones con tipología del Antiguo Testamento y dirigidas al Padre, con una estructura claramente trinitaria; habrá una petición del don del Espíritu Santo; y se relacionarán con las cualidades exigidas del ministro y de su futuro ejercicio. Es interesante mencionar que, al final del siglo IV en la tradición antioquena, para la consagración de un obispo, en vez de la imposición de las manos, se menciona la elevación del evangeliario abierto sobre la cabeza del ordenando.

Paulatinamente, emerge la convicción de que el liderazgo ministerial está incluido en forma prefigurada en el AT, y que es un don manifestado de una manera suprema en Jesucristo. Los ritos de ordenación adquirirán importancia y serán la base para reconocer estos ministerios. Así, mientras en las dos primeras centurias parece ser que presidía en la liturgia quien era líder de la comunidad, de ahora en adelante presidirá el que esté ordenado.

El episcopado, el presbiterado y el diaconado quedarán establecidos como formas ministeriales hasta la época de la Reforma cuando comenzarán a ser cuestionadas. El episcopado se convertirá en el foco principal del ministerio, y su oficio implicará liderazgo y supervisión de manera individual, y en colegialidad con los demás obispos. El presbiterado, que al principio era un concilio que aconsejaba al obispo, empezará a consolidarse y a ejercer funciones que antes eran propias del obispo. El diaconado, que en un principio ejercía funciones administrativas, pastorales y litúrgicas muy importantes, con el tiempo irá perdiendo importancia y quedará relegado a la sombra del presbítero.

Hasta el siglo XII el término *sacramento* se entendió en un sentido muy amplio, y en muchas listas no se incluía la ordenación como tal. Sin embargo, cuando en el siglo XIII Pedro Lombardo comenzó a incluir la ordenación como uno de los siete sacramentos, fue aceptado de forma general. El problema ahora era determinar cuántas órdenes había. Algunos hablaban de ocho o nueve, pero siete era el número más aceptado. Unas eran órdenes menores, como acólitos y cantores, y otras mayores, como subdiaconado,

diaconado y presbiterado. Del siglo IX en adelante se exigió que un candidato al sacerdocio debía pasar por el diaconado, con ello la importancia del diaconado como orden independiente empezó a disminuir.

También se plantearon cuestiones como ¿qué relación existe entre las varias partes de este sacramento? Y entre la diversidad de opiniones empezó a prevalecer la de que el sacerdocio contenía la plenitud del sacramento y las otras órdenes participaban de él. El *sacerdote* era el ministro por excelencia de la eucaristía y de la mayoría de los sacramentos. La situación había cambiado radicalmente. En la edad patrística, el episcopado era la orden suprema, y el presbiterado le estaba subordinado. La nueva teoría recalcaba que en el NT *presbiteroi* y *episcopoi* eran sinónimos, y que tanto el presbítero como el obispo eran sacerdotes en igual grado. La diferencia radicaba en cómo eran instituidos con relación a la autoridad subsiguiente. Los escolásticos cuestionaron cada vez más la naturaleza del obispado. Comoquiera que en esta época medieval el sacerdocio se definiera exclusivamente con relación a la eucaristía y enfatizara que la esencia del sacerdocio consistía en el poder de «convertir» el pan y el vino en el cuerpo y sangre de Cristo, concluían que el obispado no era una orden sino un honor eclesiástico, con poder jurisdiccional, pero sin valor sacramental.

El ritual romano amplió el rito de la ordenación e incluyó la investidura, la unción y la entrega de «instrumentos».

2. La Reforma y la Contrarreforma

Al llegar el siglo XVI los reformadores plantearon una serie de preguntas que afectarían a la teología y práctica de este sacramento. Se preguntaban: ¿fue este sacramento instituido por Cristo? ¿Es un sacramento el rito de ordenación? ¿Cuáles son las funciones esenciales de este ministerio y cómo están relacionadas con el sacerdocio de todos los creyentes? Rechazaron el orden jerárquico con las siete órdenes, rechazaron el concepto sacrificial del sacerdocio, y establecieron un ministerio de la palabra y los sacramentos. Algunos mantuvieron el oficio del obispado o superintendente, pero no lo consideraron como una orden separada que naciera en los tiempos apostólicos. El diaconado se convirtió en un servicio a los pobres. Tampoco aceptaron que la ordenación confiriera gracia o carácter, sin embargo, algunos continuaron considerándola como un sacramento instituido por Cristo.

Los reformadores conservaron los siguientes elementos como esenciales para el rito de la ordenación: examen de los candidatos, preparación previa mediante la oración y el ayuno, ordenación dentro del servicio dominical predicando sobre las obligaciones del ministro, y la oración sobre el ordenando a veces dicha por el ministro presidente y por la congregación, con la imposición de las manos. Quién imponía las manos era algo que variaba de una a otra confesión cristiana.

Por su lado la Iglesia católico romana con el concilio de Trento confirmó la tradición medieval. Afirmó categóricamente que la ordenación era un sacramento instituido por Cristo, y que existía una jerarquía divinamente instituida en la Iglesia. El concilio no resolvió las cuestiones planteadas por los reformadores ni por la disquisición medieval. Habría que esperar hasta el concilio Vaticano II.

El Vaticano II perfeccionó y mejoró la teología medieval. El punto de partida sería el mismo Jesús, que así como en su misión fue profeta-maestro, sacerdote, rey-pastor, del mismo modo la Iglesia participa de él enseñando, santificando y pastoreando o guiando. El concilio afirmó explícitamente, en la constitución *Lumen Gentium* (21), que la plenitud del sacramento de la ordenación yace en el obispado; y reconoció el sacerdocio de todos los bautizados (P.O. 2), que por su iniciación cristiana participan de la triple función de Cristo.

La tendencia más notable de las reformas litúrgicas realizadas en la segunda mitad del siglo XX es un movimiento hacia una estructura ritual y un entendimiento común de la naturaleza de la ordenación en las diferentes confesiones cristianas.

En la Iglesia católico romana, las ordenaciones se confieren dentro de la eucaristía después del ministerio de la palabra, y se siguen estos pasos: presentación de los candidatos al obispo y la aprobación por parte de la congregación; una declaración por el obispo de las obligaciones del candidato para cada orden determinada; las oraciones del pueblo incluyendo la letanía y la colecta; la imposición de las manos en silencio sobre cada uno de los ordenandos, seguida de la oración de la ordenación; entrega de los símbolos del oficio y el beso. El recién ordenado ejerce las funciones litúrgicas de su oficio dentro de esa misma eucaristía.

La ordenación en la Comunión anglicana sigue casi idénticos pasos a los de la romana, variando en algún detalle menor. Lo mismo se puede decir de las iglesias luteranas. Unas siguen más de cerca el rito romano y otras, de habla inglesa, el anglicano. En las iglesias reformadas, la ordenación de los ministros es un acto reservado para el presbiterio, mientras que la de los ancianos y diáconos es un acto realizado por el consistorio. Esta ceremonia sigue más o menos este orden: el moderador declara el propósito de la ocasión e interroga a los candidatos; un anciano pregunta a la congregación si los apoya; los candidatos se arrodillan para orar y recibir la imposición de las manos; el moderador hace una declaración a los ordenados y reciben el saludo de compañerismo (de mano) por parte de los miembros del presbiterio, en el caso de los ministros, o del consistorio en las otras órdenes.

D. La unción de los enfermos

No se entiende la vida pública pastoral de Jesús desligada de su amor y preocupación por los enfermos. El evangelio de Marcos lo describe sucintamente: «Bien lo ha hecho todo; hace a los sordos oir y a los mudos hablar» (Mc. 7:37). Y Lucas: «Toda la gente procuraba tocarlo, porque poder salía de él y sanaba a todos» (Lc. 6:19). Tal dedicación al ser humano que sufre no podría pasar inadvertida por los apóstoles. Y así, los doce «ungían con aceite a muchos enfermos y los sanaban» (Mc. 6:13). La carta de Santiago presenta un rito casi detallado de esta práctica pastoral. En 5:14-16 leemos: «¿Está alguno enfermo entre vosotros? Llame a los ancianos de la iglesia para que oren por él, unjiéndolo con aceite en el nombre del Señor. Y la oración de fe salvará al enfermo, y el Señor lo levantará; y si ha cometido pecados, le serán perdonados. Confesaos vuestras ofensas unos a otros y orad unos por otros, para que seáis sanados. La oración eficaz del justo puede mucho». Se ha discutido si el efecto apropiado de este sacramento es una curación espiritual en preparación a la muerte o una curación física. Hoy se prefiere decir que es la persona total la que recibe sanidad mediante la oración de la Iglesia.

En la *Tradición Apostólica* de Hipólito hay dos referencias sobre el ministerio a los enfermos: se ha de avisar al obispo para que visite al enfermo, y el óleo lo bendecirá el obispo en la eucaristía comunitaria. Documentos existentes indican que los fieles se llevaban el óleo bendito por el obispo y cuando alguien caía enfermo lo bebía o se lo frotaba a sí mismo sobre la parte enferma, mientras que en otros casos alguien se lo aplicaba al enfermo. Documentos anteriores al concilio Niceno indican que los clérigos o los laicos con dones curativos visitaban a los enfermos, rezaban por ellos, y luego les imponían el óleo. Con frecuencia, los diáconos llevaban el sacramento a los enfermos.

A partir del siglo IX con la reforma carolingia, la clericalización de la Iglesia se acentuó más, y se empezó a llamar a los sacerdotes a la cama del enfermo, que se confesaba, recibía la unción del óleo y finalmente el *viaticum*, es decir, la última comunión sacramental del cristiano en peligro de muerte. Cuando el sacramento de la reconciliación empezó a separarse del de la unción, éste siguió conservando un tono penitencial. La unción se interpretó a veces como una consagración de quien estaba muriendo. Si se recuperaba se esperaba que llevara una vida espiritual ejemplar. La unción no se podría repetir. El ritual se hizo cada vez más complicado con unciones cubriendo los sentidos y otras partes del cuerpo. De esta manera la unción de los enfermos se fue relegando cada vez más hasta la hora de la muerte, administrada por los sacerdotes, con óleo bendito por el obispo.

En el siglo XIV el orden para este sacramento había cambiado de confesión, unción y viático a confesión, viático y unción. «La extrema unción» había pasado de significar la última unción que recibía un cristiano, a una unción que se recibía *in extremis,* es decir, al momento de morir.

La mayoría de los rituales de los reformadores eliminaron la unción con el óleo. La Iglesia luterana conservó exhortaciones, lecturas, salmos, absolución y la celebración de la eucaristía. El resto de los reformadores dejaron el rito a la discreción del ministro que visitaba al enfermo. Unos estaban a favor de la comunión, y otros se oponían a ella.

El concilio de Trento no prestó atención a las criticas de reformadores y consolidó el uso de entonces. Afirmó que era un sacramento instituido por Cristo, pero promulgado por Santiago, y decretó que lo administraría el sacerdote «especialmente a personas enfermas de gravedad cercana a la muerte» y no exclusivamente a los moribundos. Aunque posteriormente se hicieron varios intentos —incluso promovidos por papas— de que el sacramento se pudiera administrar en más de una ocasión y a enfermos que no estuvieran a las puertas de la muerte, en la práctica perduró la creencia de que se trataba de un sacramento que preparaba al moribundo para la gloria.

El concilio Vaticano II, en la Constitución sobre la sagrada liturgia, decretó que el sacramento de la «extremaunción» «mejor puede llamarse unción de los enfermos» (73) porque no es sólo para quienes se encuentran en los últimos momentos de su vida. Y se establece el orden de confesión, unción y viático. También se pide que se adapte a las circunstancias, con relación al número de unciones (75). Actualmente, la unción de los enfermos en la Iglesia católico romana se puede administrar dentro de la misa, fuera de la misa, y en un hospital o institución. Los símbolos del rito son la oración de fe, la imposición de las manos y la unción con el aceite.

El *Libro de Oración Común* usado por la Iglesia episcopal sugiere lecturas y salmos, hay imposición de manos y la unción es a discreción de quienes la efectúan; se puede impartir la comunión que puede ser de una eucaristía celebrada en ese momento o del Sacramento reservado, y además se ofrecen varias oraciones.

Las otras confesiones cristianas siguen normas similares a las aquí mencionadas.

E. El matrimonio

La institución matrimonial ha revestido diferentes formas a través de los tiempos. La que se usa en la actualidad es relativamente reciente en la historia de la humanidad. Se cree que entre los pueblos primitivos la promiscuidad era una practica generalizada, aunque no todos los etnólogos están de acuerdo. López Ibor, por ejemplo, en *El libro de la vida sexual*, cita a Gustav Welter que defiende la promiscuidad arguyendo que el reino animal no ha dado a los seres humanos el ejemplo de la familia monógama. Arguye como primera prueba uno de los rasgos más curiosos de la mentalidad de los pueblos primitivos menos civilizados: la ignorancia de la relación copulación-fecundación. Welter asegura que existen en la actualidad numerosas tribus que creen que el embarazo se debe a cierto germen depositado por un «espíritu» en el organismo femenino. Si los primeros hombres hubieran conocido el estado familiar monógamo, evidentemente habrían comprobado por la experiencia que la interrupción de las reglas de sus mujeres iba seguida de un embarazo de nueve meses. Si han ignorado este detalle es sin duda porque la promiscuidad en que vivían no hacía más que corroborar su creencia en el origen «exterior» del niño.

Según Edward Schillebeeckx, Egipto fue el primer país de la antigüedad en considerar al matrimonio como un compromiso mutuo de los propios esposos. Desde esos tiempos, el matrimonio se ha tenido como una relación interpersonal, que implica derechos y deberes recíprocos, exclusivos de los esposos.

En términos generales podríamos afirmar que son las condiciones de vida las que han condicionado las formas de vida familiar. Tanto en el presente como en el pasado, junto al matrimonio monógamo se ha dado la poliandria, en casos bastante raros, y la poligamia. Esta última, muy común en la antigüedad, va relacionada con los factores económicos. De hecho, según esas culturas, solamente puede tener varias esposas quien dispone de bienes suficientes para sostenerlas. También favorece la poligamia el que el número de mujeres sea notablemente superior al de los hombres.

En este sentido las costumbres judías presentan no pocas contradicciones. Los antiguos patriarcas, siguiendo las costumbres de su tiempo, aceptan una forma moderada de poligamia. Véanse los casos de Abraham, (Gn. 16:1; 25:1), Jacob (Gn. 29:16–30:12), Esaú (Gn. 26:34-35; 28:6-9), que tienen simultáneamente varias esposas y siervas; sin embargo, es una sola mujer la que ostenta el rango de «esposa principal». En la época de los jueces y de los primeros reyes, la poligamia se extiende de forma extraordinaria, a juzgar por el número de mujeres que tienen algunos personajes como Gedeón y Salomón (Jue. 8:30; 2 S. 3:2-5; 12:24).

El matrimonio monógamo que se propone en las primeras páginas del Génesis responde mejor al ideal de la unión conyugal, concebida como comunidad de amor y de vida en igualdad de derechos entre un hombre y una mujer. Esta forma matrimonial, a la larga, se adopta por la mayoría del pueblo judío, una vez que se establece en Palestina.

La Biblia no menciona ningún servicio religioso específico. La ceremonia nupcial judía incluía unas promesas y un contrato escrito, y la bendición de la copa de vino. Durante la ceremonia, los novios se encontraban bajo un toldo en presencia de diez testigos; una vez concluida, toda la comitiva se dirigía a la casa del novio, caminando al son de cánticos y salmos; allí empezaba una fiesta que duraba de siete a catorce días.

El modelo de matrimonio que ha predominado en la cultura occidental ha seguido las costumbres griegas, romanas y judías casi inalteradas en lo sustancial. En los primeros siglos del cristianismo, los testigos cualificados del matrimonio eran autoridades civiles; no había servicio religioso separado. En el siglo segundo San Ignacio pide a una pareja que consiga el permiso del obispo; y Tertuliano en el siglo tercero indica que el matrimonio será bendito posteriormente en una eucaristía. Los testimonios de estos autores confirman que la ceremonia matrimonial seguía las costumbres reinantes en aquella sociedad. A partir del siglo IV, gradualmente el matrimonio va entrando en la Iglesia y cristianizando los ritos civiles. A lo largo del siglo XIII, diversos concilios —en especial el segundo de Lyón (1274)— incluyen ya el matrimonio en la lista de los siete sacramentos.

Los escolásticos medievales insistieron en que el sacramento del matrimonio, de una manera extraordinaria, fue instituido dos veces. La primera, en el Génesis, tiene a Dios como autor y está al servicio de la naturaleza; la segunda, como los demás sacramentos, se origina en Cristo. El primer caso simboliza la unión que se realiza entre Dios y la humanidad; el segundo, el amor que Cristo profesa a su Iglesia. Los teólogos medievales, sin embargo, encontraron dificultades para explicar el matrimonio como un sacramento, por tratarse de una realidad anterior a la obra de la redención, y por estar relacionado con la sexualidad, vista por la tradición cristiana de entonces como algo negativo, aliado con el pecado.

Otra cuestión muy debatida fue la relacionada con el constituyente fundamental del matrimonio. La tradición escolástica, siguiendo el derecho romano, insiste en que lo esencial para la constitución del matrimonio reside en el *consensus facit nuptias* (consentimiento mutuo para las nupcias). En cambio, las costumbres germánicas exigían la cópula. Con el tiempo, para que el matrimonio sea considerado indisoluble, llegará a dominar la segunda opinión.

El concilio de Trento incluye al matrimonio entre los siete sacramentos, y defiende su razón de ser por la afirmación del Génesis, recogida y confirmada por los evangelios.

Tanto Lutero como Calvino negaron la sacramentalidad del matrimonio, basándose en el argumento de que la Escritura no habla de su institución. Lutero afirmaba que el matrimonio no era un signo de gracia, sino sólo «figura» y «alegoría real» del misterio de Cristo y de la Iglesia. Para poder llamarlo sacramento faltaría «la institución y la promesa divina que es la que constituye el sacramento». De igual manera, Calvino enseña que no basta con que sea una obra de Dios, sino que debe ser una ceremonia exterior ordenada por Dios para confirmar alguna promesa.

William H. Willimon, en *Worship as Pastoral Care,* afirma que «el servicio del santo matrimonio está repleto de antiguas prácticas paganas. Y así representa a una amalgama curiosa entre lo sagrado y lo profano, lo civil y lo religioso, lo sublime y lo ridículo». Sin embargo, griegos y romanos no estarían de acuerdo con tal afirmación. Para ellos las ceremonias de la boda tenían un carácter eminentemente religioso. La novia despedía a las divinidades protectoras del hogar que abandonaba, para acogerse a las del hogar del novio. El padre de la novia hacía la entrega de su hija al novio después de ofrecer un sacrificio a las divinidades domésticas propias. Luego la novia era conducida procesionalmente en un carro, vestida con la túnica blanca, velada y coronada, a la casa del novio. Éste la introducía en brazos, simulando un rapto, procurando que sus pies no tocasen el umbral de la puerta. Finalmente, la novia era llevada ante el altar doméstico, donde se la rociaba con el agua lustral y ella tocaba el fuego sagrado, mientras se recitaban unas oraciones y se ofrecía el sacrificio. La ceremonia terminaba compartiendo el pastel nupcial, una pequeña torta de harina, prenda sagrada del matrimonio.

Entre los griegos, desde tiempos homéricos, existía la costumbre de la dote y regalos de petición de mano de la novia. Generalmente era el padre quien recibía una dote de la familia del novio. El legislador ateniense Solón suprimió las dotes, porque no quería que el matrimonio fuese por interés, sino que se fundase en «el deseo de procreación, en el cariño y en la benevolencia». También los romanos se acostumbraron a que el novio diera regalos a la novia, como tierras, platas o joyas. De esta práctica de los regalos se derivan las arras, que tienen un origen oriental. En la petición de mano, el novio entrega un anillo a la novia como signo del compromiso matrimonial. El beso de los novios tenía también un valor moral y jurídico, y el uso era seguido en diversos lugares de Oriente y Occidente.

Como queda indicado, los cristianos adaptaron estas costumbres, y fueron «cristianizando» las ceremonias religiosas paganas. Estas prácticas se han mantenido vigentes en general hasta nuestros días. En definitiva, una pareja intercambia promesas de acuerdo con las regulaciones vigentes, y luego la Iglesia bendice la unión. De hecho en algunos países se dan dos ceremonias completamente separadas: la civil y la religiosa.

Finalmente, queda insinuado que la tradición cristiana consideró al matrimonio como un mal menor, debido a doctrinas dualistas como el platonismo, maniqueísmo, gnosticismo, que consideraban a la materia (y al cuerpo físico) como producto de un principio creador malo. Se insistió en que el sexo era malo y que sólo se podría tener para satisfacer el mandato bíblico de la multiplicación de la humanidad.

Modernamente, con mejores conocimientos biológicos, filosóficos y teológicos, se considera la sexualidad como un don divino dado a la humanidad para el goce mutuo dentro del marco de un compromiso formal entre dos personas y que puede conducir a la procreación.

Capítulo 9
Los sacramentales

A. *Concepto y ejemplos*

Además de los sacramentos, existen en la Iglesia ciertas acciones llamadas *sacramentales*. Son signos simbólicos parecidos a los sacramentos. El término *sacramental* no se encuentra ni en la Escritura ni en la literatura patrística. Aparece por vez primera en el siglo XII cuando Pedro Lombardo sugirió que a ciertos ritos, como la catequesis y los exorcismos de los catecúmenos, se les debía llamar sacramentales.

Sin embargo, aunque el término tardara bastante en fraguarse, la realidad por él connotada era costumbre en muchos lugares. Y el origen proviene, ni más ni menos, que del mismo Jesús, que durante su vida practicó gestos y usó elementos materiales con fines superiores. Recordemos cómo empleó barro para curar a un ciego, bendijo a niños imponiéndoles las manos, utilizó agua para lavar los pies de sus discípulos. De estas y otras muchas acciones divinas, unas fraguaron en sacramentos, otras se convertirían, con el correr del tiempo, en sacramentales. En algunos pasajes de su obra *Tradición Apostólica*, Hipólito se refiere a la ofrenda del aceite, del queso y de las aceitunas; en otro lugar habla de la bendición episcopal de la lámpara traída por el diácono; también da normas para la bendición de frutos, como la uva, los higos y las aceitunas.

Algunos teólogos hablan de los sacramentales como subsidiarios de los sacramentos y preparan los elementos necesarios para el culto. Otros dicen que los sacramentales son signos visibles religiosos instituidos por la Iglesia para servir al culto. El concilio Vaticano II trata de los sacramentales en la Constitución sobre la liturgia, y afirma que estos ritos no son de institución divina y no confieren gracia.

Estas acciones no tienen un número definido, y se pueden dividir en dos clases: acciones asociadas con los sacramentos (como la bendición del agua en el bautismo y el anillo en el matrimonio); y acciones relacionadas con otras actividades humanas. Estas últimas pueden cubrir casi toda circunstancia humana y se pueden adaptar a diferentes edades y culturas. Entre ellas encontramos la profesión solemne de un religioso/a, las rogativas, la bendición de estatuas, casas, etc.

B. Contribución hispana

En el grupo de sacramentales queremos mencionar prácticas religiosas que están arraigadas en el pueblo hispano. Por ejemplo, la ceremonia para la quinceañera, el agradecimiento por los tres años, las posadas y las pastorelas. Estas acciones relacionan actividades humanas con lo religioso.

No deja de ser interesante considerar que los primeros misioneros llegados a este continente, y debido a que el pueblo no podía leer la Biblia publicada en latín, recurrieron a representar de manera plástica y escenificada momentos y pasajes de la Biblia. Además de las costumbres indicadas en el párrafo anterior, podríamos incluir también los nacimientos navideños, la escenificación de las pasiones de nuestro Señor Jesucristo, etc.

Los primeros cristianos plasmaron sus creencias en las catacumbas de Roma pintando escenas de la eucaristía, del bautismo y de otros pasajes bíblicos. Los Padres de la Iglesia vieron en las imágenes y en las artes plásticas un medio de educación para quienes no podían leer. Por medio de las representaciones podían explicar al pueblo los misterios de la fe cristiana. Los canteros medievales labraron en las fachadas de las iglesias la llamada «Biblia de los pobres». Las vidrieras de las catedrales tuvieron la misma intencionalidad didáctica; en ellas podemos encontrar representados casi todos los pasajes bíblicos más importantes. Entrar en una catedral europea es entrar en el corazón de la Biblia. Por ello, en un momento en que el pueblo no tenía Biblias, este medio de enseñar la palabra de Dios era encomiable, acentuado además por la belleza plástica, que también acerca el espíritu humano a Dios. En el siglo XVI, los puritanos, sin pensar en ello, arrasaron con todo. Hoy seguimos conscientes de que las artes plásticas y visuales siguen ejerciendo un influjo arrollador en la sociedad. Modernamente contamos con el decisivo poder de la imagen cinematográfica y televisiva. El cristianismo, como poder institucional evangelizador, ha descuidado este recurso educativo, que ha quedado relegado al brazo secular. Cuando escribimos esto, la sociedad se encuentra lidiando con la película de Mel Gibson «La pasión de Cristo», excelente, aunque polémica bajo aspectos históricos, teológicos y bíblicos. Valga esta reflexión, para mantenernos en una apertura flexible y abierta a cualquier manifestación artística usada para lograr un bien superior.

1. La quinceañera

Se desconoce el origen exacto de esta costumbre festivo religiosa. Quienes tratan este asunto creen que el origen de esta ceremonia data de más de quinientos años y enlaza con las costumbres rituales de los aztecas, mayas y toltecas.

Se trata de un rito de transición de un estado de vida a otro diferente, de madurez superior. La mayoría de las culturas cuentan en su haber con ritos de este tipo. Se sabe, por ejemplo, que tribus primitivas llevaban a sus jóvenes varones lejos del poblado y a lo espeso de la selva, donde debían vivir cierto tiempo. Si concluido el período indicado regresaban a la tribu, se les investía de guerreros, y eran reconocidos como varones maduros, aptos para iniciar un hogar, ya que en el tiempo de prueba habían demostrado ingenio y maestría suficientes para ser jefes de familia.

No se sabe si había una práctica paralela para las hembras. Sin embargo, con el correr del tiempo, alguien determinó que también las niñas llegaban a un momento de la vida en que dejaban de serlo para convertirse en posibles madres, y era oportuno establecer un rito para reconocerlo. De ahí surgió el rito para las jóvenes. Llegadas a cierta edad, los padres agradecían a la divinidad el don de la vida manifestado en sus hijas, y pedían ayuda para que éstas, a su vez, pudieran dar vida. Así, de niñas pasaban a ser futuras madres. Luego seguía una fiesta en casa con comida, música y baile. Era un acto sencillo y loable desde todo punto de vista. Luego ese acto se «cristianizó» en la forma actual de la quinceañera.

El rito litúrgico es practicado por casi todas las confesiones cristianas en Latinoamérica y en Estados Unidos, ya que el pueblo lo demanda. Litúrgicamente varía en pequeños detalles de lugar a lugar. La ceremonia se encuentra en algunos libros litúrgicos, por ejemplo, en *El libro de liturgia y cántico* de la Iglesia evangélica luterana de América en la versión hispana; y también en libritos independientes como *La Quinceañera* de la Iglesia episcopal. Puede celebrarse sin eucaristía, pero lo más común es que se haga dentro de la misma. En el sermón se invita, tanto a la quinceañera como a los jóvenes presentes, a reflexionar y considerar el momento crucial en que se encuentran en la vida, cómo ahora deben mirar al futuro que comprende el vivir en esta sociedad y también prepararse para la vida del cielo. Desde luego, se ha de evitar el pensamiento —a veces frecuente— de que la quinceañera ya es casadera. Todo lo contrario, porque se encuentra en una edad todavía inmadura, por ello se ha de insistir en la oportunidad de iniciar un camino de madurez social, intelectual y espiritual.

Después del sermón —dirigido sobre todo a la señorita y a los jóvenes presentes— se pide a la quinceañera que renuncie al mal, renueve sus promesas del bautismo, y lea una oración de acción de gracias por la vida que Dios le ha otorgado. En este momento —según diversas tradiciones— algunos padrinos entregan regalos especiales a la jovencita. La liturgia puede continuar con la paz y la eucaristía, o después de la paz, con alguna oración de despedida.

Evidentemente, en esta costumbre debe reinar la flexibilidad, el buen hacer y el sentido común del ministro. Aquellos que la rechazan debieran pensar que los mismos jóvenes son quienes les ofrecen una excelente oportunidad pastoral y de acercamiento a la iglesia. No la deberían rechazar.

2. Los tres años

Este también es un acto de agradecimiento. Menos extendido que el de la quinceañera, pero arraigado entre algunos grupos de hispanos. Tiene raíces milenarias, pues los primeros vestigios del acto los encontramos en el Génesis, cuando Abraham y Sara, todavía asombrados por haber tenido un hijo en la ancianidad, dan gracias a Dios y ofrecen un banquete cuando destetan a Isaac (Gn. 21:1-8). En el *Segundo libro de los Macabeos* (7:27) se dice expresamente que se amamantaba a los niños durante tres años. Lo mismo se lee en la obra apócrifa de *El evangelio del nacimiento de María* (4:1), pero ahí leemos: «Y cuando se cumplieron los tres años, y el tiempo del destete se había cumplido, trajeron a la Virgen al templo del Señor con ofrendas». De igual modo en el *Protoevangelio* apócrifo se dice: «Y cuando la niña (María) cumplió tres años de edad, Joaquín dijo, invitemos a las hijas de los hebreos, que son puras, y que traigan una lámpara, y la enciendan, para que la niña no vuelva sobre sus pasos y su mente se mantenga orientada hacia el templo del Señor» (7:3).

Evidentemente, a esa edad los niños habían superado una época difícil durante la cual morían muchos. Se trata pues, de un «rito de transición» a otra etapa mejor de la vida. Los padres, agradecidos, llevan al niño al templo. El ministro puede mencionar esas lecturas, así como el entrañable amor que Jesús tenía por los niños. Después del sermón, se dice una oración por el don de los hijos. Luego puede hacer al menos dos preguntas: una por el nombre del niño que traen al templo, y otra si prometen seguir dando buen ejemplo cristiano al presentado. Finalmente se ora en agradecimiento y se pide protección por el niño y los padres presentes. Luego se bendice al niño. Esto debe ser lo básico. Según la flexibilidad del ministro puede haber otros elementos visuales, como una vela simbolizando la iluminación y protección de Jesucristo.

3. Las posadas

Los misioneros españoles observaron que los antiguos mexicanos celebraban el nacimiento del dios Huitzilopochtli, en el mes de diciembre, del 7 al 26. La festividad para conmemorar el nacimiento del dios azteca era la más importante de su calendario. Empezaba a medianoche y continuaba todo el día siguiente, con abundancia de música, bailes y discursos.

Como vemos, esa temporada coincidía con la preparación para la Navidad cristiana. Los misioneros pensaron que sería fácil plantar la fiesta del nacimiento del Hijo de Dios en lugar de la fiesta dedicada al dios azteca. Así fue como, según unas fuentes, el fraile agustino Pedro de Gante, en 1538, celebró la primera misa de Navidad en México a la que invitó a los indios de todos los alrededores. Vinieron de todas partes, e incluso también llegaron algunos enfermos. No cabían en la iglesia y muchos tuvieron que seguir la ceremonia desde fuera, pero con gran devoción. Los indios se entregaron a esta festividad con toda el alma, y la asistencia crecía cada año. En 1587, fray Diego de Soria, prior del convento de San Agustín Acolman, decidió pedir permiso al papa Sixto V para celebrar las misas de Navidad al aire libre en los atrios de las iglesias. Obtenido el permiso, todos los años del 16 al 24 de diciembre empezaron a celebrarse unas misas que se llamaron *misas de aguinaldo*; entre las misas se intercalaban pasajes y escenas de la Navidad.

La idea de celebrar una novena de días recordando el viaje de José y María a Belén (Lc. 2:1-7) se le atribuye a San Ignacio de Loyola. Pero quienes definitivamente implantaron esta costumbre en México fueron, como se ha mencionado, los agustinos. Las primeras «jornadas» —así se llamaban entonces— se fueron enriqueciendo con la costumbre franciscana de representar a José y a María con imágenes.

En 1796 el arzobispo de México se quejó del excesivo alboroto que se originaba durante las misas de aguinaldo, con ruidos de silbatos, maracas, panderetas, y al comer frutas y dulces durante los servicios. Con el tiempo también se añadieron a esta celebración otros elementos como luces de bengala, cohetes, piñatas, villancicos, e incluso cantos no religiosos.

Así, «las posadas» no fueron al principio como se las conoce hoy. Las misas, que habían empezado con mucha devoción religiosa, se fueron transformando en algo más popular y festivo, por lo que estas «jornadas» o «posadas» empezaron a celebrarse en las casas y por los barrios de las ciudades pero sin perder su carácter religioso.

Todas las fuentes consultadas describen la escenificación de las posadas de manera diferente. Este autor las ha practicado de diferentes maneras. Lo esencial es hacer referencia a la escenificación del pasaje bíblico mencionado, novelándolo como si María y José hubieran ido pidiendo alojamiento en Belén. En la escenificación cristiana un grupo de personas y niños van —durante nueve días— por el barrio cantando y rezando, pidiendo posada en una casa, o de casa en casa. Al principio encuentran rechazo, pero al final son aceptados. Entran, rezan unas oraciones y cantan unos villancicos y continúa la fiesta. Donde sea posible, el último día termina en la iglesia, para celebrar el nacimiento de Jesús.

4. Las pastorelas

Torcuato de Tasso dio a conocer el género teatral «fábula pastoril» en el siglo XVI, en Italia. La palabra castellana viene de la italiana *pastorella*, que significa pastorcilla. Las pastorelas son pequeñas obras teatrales derivadas de los autos sacramentales y moralizantes.

Las pastorelas llegaron a México con los misioneros católico romanos. En México, los misioneros observaron que los indios aztecas y mayas eran amigos de representaciones dramáticas de diferente tipo. Vieron en ello una oportunidad propicia para representar los misterios de la salvación y catequizar a los indígenas de este continente.

Según algunos, «La adoración de los Reyes Magos», creación de fray Andrés de Olmos, sería la primera pastorela compuesta en México (1527). Fue escrita en idioma náhuatl para facilitar su comprensión. Otros creen que la primera pastorela se debe a fray Juan de Zumárraga, primer obispo de la Nueva España, quien en 1530 pide que se escenifique, también en lengua náhuatl, la «Natividad gozosa de nuestro Salvador».

Las pastorelas se escribían en un lenguaje y forma sencillos, con representación escénica ingenua para que pudiera llegar al pueblo. En un ambiente festivo y alegre, se pedía al pueblo que contribuyera en la escenificación y la decoración, con flores multicolores, música, cantos, y otros elementos parecidos.

El potencial catequizante de estas pastorelas condujo a los misioneros a ulteriores representaciones, que reflejaran no sólo las relacionadas con el nacimiento de Jesús, sino con todo el misterio de la salvación. Así, en ellas se fueron incluyendo enseñanzas sobre la creación, el pecado, la lucha entre el bien y el mal —entre ángeles y demonios—, dudas de profetas y otros personajes bíblicos, sobre el juicio final, y el triunfo final de Cristo. No deja de ser digno de todo encomio este método de evangelizar al pueblo, acercándose a él al nivel en que se encontraba. Así actuó Jesús, construyendo parábolas sencillas y haciendo comparaciones que podían ser entendidas por todos.

5. *Otras costumbres*

Con frecuencia, al tratar el tema de la religiosidad popular hispana, algunos autores suelen incluir costumbres como los bautizos, las primeras comuniones, los funerales, procesiones, el vía crucis, el rosario, y toda una serie de devociones conmemorativas de santos y vírgenes. En cierto modo me resisto a entrar en los detalles de esas prácticas religiosas, en parte por ser conocidos, y en parte por no reflejar, en mi opinión, unas costumbres netamente hispanas. Sí es verdad que en todas ellas el hispano ha plasmado una impronta personal.

Pongamos el caso del vía crucis, costumbre muy antigua celebrada en los primeros siglos por peregrinos que llegaban a Jerusalén. En 1731 el papa Clemente XII fijó la devoción en catorce estaciones que marcan el itinerario de las etapas del camino que va del palacio de Pilato al Calvario, y que, según la tradición, recorrió Jesús. Este ejercicio piadoso es apropiado en los viernes de Cuaresma. Durante varios años lo celebré durante la Cuaresma, pero la asistencia de los fieles fue tan pobre que tuve que eliminarlo. Sin embargo, la asistencia ha sido siempre abrumadora el día de Viernes Santo. El pueblo asiste con gran devoción.

Hay que tener en cuenta que algunas de las tradiciones a que los hispanos han estado acostumbrados, ahora no pueden seguir practicándolas por las realidades que viven en este país: distancias, largas horas de trabajo y secularismo creciente.

También hay que mencionar que la celebración hispana de adoración presenta externamente unas características propias a su temperamento: familiaridad, festividad, alegría, vitalidad, devoción, tolerancia, emocionalismo.

Puede leerse con interés el artículo de Justo L. González, «Hispanic Worship» publicado en ¡*Alabadle!*, aunque yo, a veces, me pregunto si muchas de las peculiaridades que atribuimos a la adoración del pueblo hispano en general, no serán propias de un segmento de la población que servimos y que se encuentra en un estadio específico socioeconómico. Alguna vez yo mismo me he quedado avergonzado, cuando al encontrar a hispanos de «clase superior», y alegrarme por creer que podrían servir de líderes en mis comunidades, me han dado largas diciendo que ellos no «pertenecen a esa clase» y se van a «estar entre anglosajones», digo «estar» porque no creo que puedan hacer otra cosa. Así las cosas, sigo preguntándome, ¿qué sucederá cuando el pueblo humilde y sencillo al que servimos ahora, se haya convertido en intelectual, profesional y de clase media superior? ¿Todavía tolerará la improvisación, la familiaridad, los errores no intencionados, el ruido de niños y bebés, o exigirán una «celebración meticulosamente programada?»

Capítulo 10
La palabra de Dios

$\mathcal{E}$n el cristianismo occidental, y especialmente a partir del siglo XVI, se ha dado cierta tensión entre palabra y sacramentos. Los reformadores dieron más énfasis a la palabra, la Iglesia católico romana, a los sacramentos. En el trasfondo de este tema de adoración yace una cuestión algo más profunda que hace referencia a la manera de entenderlo teológicamente. Vamos a ver rápidamente algunos aspectos que nos ayudarán a entender mejor la cuestión litúrgica.

A. La palabra de Dios en las Escrituras

La palabra de Dios en las Escrituras es algo mucho más profundo que un mero término lingüístico usado como elemento de comunicación intelectual y social. La palabra de Dios en la Biblia equivale a la revelación del misterio divino a los humanos. La palabra de Dios contiene un poder dinámico que se transforma en creación (Gn. 1, Sal. 33:6). La palabra de Dios, a través de numerosos acontecimientos y alianzas con su Pueblo escogido, va adquiriendo un poder de redención (Ex. 20:1). Su poder arrollador se apodera de sus mensajeros, los profetas, que irremediablemente se ven impulsados a predicar la palabra, que se hace eficaz (Am. 3:8; Is. 40:6-8; Jer. 20:7-9; Ez. 2:8–3:3).

En el Nuevo Testamento la palabra de Dios sigue conservando las mismas cualidades que en el Antiguo, pero ahora realizadas en

Jesucristo. En él se concentran el poder creador transformante de la naturaleza, manifestado en los múltiples signos (Mt. 8:16), y la palabra poderosa de los profetas (Mt. 12:41). Así la palabra de Dios encuentra su manifestación plena en la misma persona del Hijo de Dios (Jn. 1:14).

Jesús es la plena revelación de Dios, que se convierte en el sujeto de la nueva predicación. La nueva predicación sobre Jesús se lleva a cabo bajo el poder del Espíritu (1 Co. 2:13) y es tan eficaz que logra la salvación de la humanidad (Stg. 1:21).

Los Padres de la Iglesia siguen viendo una identidad entre la palabra de Dios y la misma divinidad. La *Didajé* afirma que «dondequiera que se predique el señorío de Dios, allí está presente el Señor». Cesáreo de Arlés declara que «la palabra de Dios no es inferior al cuerpo de Cristo». Así, para los Padres de la Iglesia, la celebración litúrgica se convierte en el lugar y momento más apropiado del encuentro entre la palabra encarnada en Jesús, y la realidad eucarística simbolizada en el pan y el vino. En las primeras comunidades cristianas hubo una comunión intrínseca entre la proclamación de la palabra de Dios y la eucaristía. De hecho, la predicación nació como una explicación de las lecturas bíblicas que el lector acaba de realizar antes de recibir el pan y el vino consagrados. El que presidía explicaba el contenido de las lecturas y lo aplicaba a la vida para que todos lo practicaran. El mensaje era reforzado inmediatamente con la participación del pan y el vino, que recordaban el sacrificio redentor de Cristo.

B. *La palabra de Dios en la reflexión posterior*

A medida que la teología medieval reflexionaba sobre el entendimiento de los signos sacramentales empezó a darse cierta dicotomía que condujo a disminuir la importancia de la palabra de Dios en la Escritura, a favor de la palabra de Dios convertida en sacramento. La predicación de la palabra disminuyó e incluso la lectura de las Escrituras se descuidó hasta en el contexto de la celebración eucarística.

Los reformadores reaccionaron a ello proclamando el principio de «sólo la Escritura» como fuente de la palabra de Dios, aunque nunca descuidaron del todo la cena del Señor. Así que los reformadores siguieron acentuando la predicación de la palabra de Dios, mientras que la Iglesia católico romana, con el concilio de Trento, empezó a enfatizar la palabra de Dios como concepto intelectual y doctrinal.

El concilio Vaticano II, en el documento *Verbum Dei* sobre la revelación, eliminó la dicotomía de las dos fuentes —Escritura y tradición— como medios de revelación e insistió en que la plena revelación de Dios se realiza en su Hijo, Jesús (Heb. 1:1-2). Jesucristo, Palabra hecha carne, humano enviado a los seres humanos, habla las palabras de Dios (Jn. 3:34) y realiza la obra de la salvación que el Padre le encargó (Jn. 5:36; 17:4). De esta manera, la Iglesia católica superó una época de excesivo énfasis en la palabra como concepto intelectual y doctrinal. Con este documento conciliar y el de la liturgia, *Sacrosanctum Concilium*, se volvió a la enseñanza primitiva de la Iglesia, cuando la proclamación de la palabra de Dios se realizaba plenamente en el contexto litúrgico eucarístico. Después del concilio, la predicación de la palabra adquirió prominencia, sin disminuir la parte sacramental. Que la homilía «nunca se omita, si no es por causa grave» (S.C. 52), sentenció el concilio.

C. La predicación de la palabra de Dios

Como hemos visto, la Iglesia siempre consideró la eucaristía como el acto principal de adoración, en el cual también se daba la predicación eficaz de la palabra, en armonía paralela con la presencia del Hijo de Dios en los símbolos del pan y del vino. En unas épocas disminuyó el acento sobre la proclamación de la palabra, en otras, especialmente a partir del siglo XVI, esto se quiso equilibrar y se acentuó la predicación por parte de los reformadores.

Hoy día, algunas confesiones cristianas siguen el Leccionario (del cual hablaremos más tarde). Siguiendo ese libro, y dentro del contexto de la eucaristía, en un período de tres años se leería lo más importante de la Biblia. Cada domingo y fiesta del Señor incluye tres lecturas, que van recorriendo el misterio de la salvación, y sobre el cual se invita a los cristianos a reflexionar, e incorporar en sus vidas la palabra de Dios. Sin embargo, algunas confesiones protestantes, a partir del siglo pasado, con el resurgir de nuevos movimientos cristianos, han empezado a dar más énfasis a la predicación que a la eucaristía.

Quisiera adelantar aquí una reflexión. Según estas dos tendencias —la predicación contextualizada en la eucaristía y otra fuera de la misma— el carácter de la predicación adquiere dimensiones particulares. Por no reflexionar en este detalle, a veces caemos en controversias irreconciliables e innecesarias.

En del culto con eucaristía, la predicación no debiera alargarse más de diez minutos, porque forma parte de un todo, en el cual ha de buscarse la armonía del conjunto. Lo mismo que en una celebración eucarística desdice un concierto coral de diez minutos, también cansa una predicación de treinta. Recuerdo que en los años sesenta, estando yo en Roma cursando teología en pleno concilio Vaticano II, cuando se debatía el documento sobre la liturgia, alguien tuvo la feliz idea de realizar una encuesta sobre la predicación, entre los reporteros que, de todo el mundo, se encontraban en la ciudad eterna. La pregunta era sencilla: «¿Cómo le gustaría que fuera la predicación en la Iglesia?» La mayoría de los encuestados respondió que la homilía no debería pasar de los cinco minutos y que debía ir al grano. Añadían que se predicara con más frecuencia, pero nunca extensamente. Efectivamente, una homilía concisa, bien preparada, puede ser espiritualmente más efectiva que un sermón de una hora. Sin olvidar la profunda enseñanza del adagio: «Lo bueno, si breve, dos veces bueno».

Ahora bien, en un contexto donde la predicación adquiere preponderancia, se entiende que el sermón haya de alargarse en una mezcla de enseñanza, entretenimiento y motivación emocional. Nathan Larry Baker, en *Ideas for Effective Worship Services*, reconoce que se da algo que denomina «la tiranía del púlpito». Según su descripción, tendríamos al predicador preocupado de las notas del sermón y desentendido del resto de la adoración, sin cantar ni seguir las oraciones de la comunidad. Según este autor, el sermón ha de ser complementario al resto del culto. Es importante, pero no es la única parte importante del servicio, y no debe pasar de treinta minutos.

En la adoración dentro del culto debe reinar, junto a la devoción, la armonía, la belleza y el orden. No se ha de escatimar esfuerzo alguno para lograr un todo orgánico, donde cada parte goce de su tiempo adecuado. Esto tampoco quiere decir que hemos de ser esclavos de un legalismo ritual. El sentido común debe dictar nuestro buen hacer.

CUARTA PARTE

El entorno cultual

El ser humano, en su condición terrena, se desenvuelve en un espacio y en un tiempo. Esto es evidente, y de grandes resonancias en nuestras vidas. Esas dos realidades influyen decisivamente en la vida humana. Sin espacio no podríamos subsistir, sin tiempo no podríamos evolucionar. El componente religioso espiritual también está determinado por el tiempo y el espacio. En esta parte vamos a ver cómo la Iglesia, la comunidad de los creyentes, el pueblo de Dios, a través de la historia, ha santificado el tiempo y el espacio, dándole una ambientación que incluye el color y la música.

Capítulo 11
El año litúrgico:
La santificación del tiempo

A. El año litúrgico: concepto e historia

En otra sección se mencionó de pasada la voluminosa obra *El año litúrgico* (*L'Année Liturgique* 1-9 v, 1841-1866) de dom Próspero Guéranger. Anteriormente se habían usado expresiones semejantes aunque menos felices; en el siglo XVI se hablaba por vez primera del «año de la Iglesia», y un siglo más tarde del «año cristiano». La expresión de Guéranger, *el año litúrgico,* ha prevalecido sobre las demás.

El año litúrgico es un tiempo de gracia y de salvación: «En tiempo aceptable te he oído, y en día de salvación te he socorrido. Ahora es el tiempo aceptable; ahora es el día de salvación» (2 Co. 6:2). El año litúrgico, durante un período de doce meses, celebra la historia de salvación realizada eminentemente en el misterio de Cristo; es un tiempo en el cual se van recordando y conmemorando las intervenciones divinas en favor del ser humano.

Antes del siglo IV no existía estructura alguna del tiempo litúrgico. La única celebración evidente era el domingo, o día del Señor. Como veremos, muchas celebraciones culturales ya se iban formando, pero no estaban ligadas de una forma estructurada. Es a partir los siglos VIII-IX, al colocar cuatro domingos de Adviento antes de la Navidad, y los libros litúrgicos iniciar con el primer domingo de Adviento, cuando se va estableciendo un orden cronológico festivo litúrgico. A ello contribuyeron factores como las celebraciones hebreas, la capacidad festiva humana, y los mismos acontecimientos de la vida de Jesucristo que, por su misma fuerza intrínseca, demandan una celebración litúrgica.

Por eso las celebraciones contenidas en el año litúrgico no se pueden comparar al recuerdo de otros eventos históricos en la vida civil. En la liturgia conmemoramos las acciones salvíficas de Cristo, que nació, vivió, murió y resucitó, para marcarnos un camino de vida a seguir y ofrecernos la esperanza de una vida mejor. En el culto celebramos el inmenso amor divino por el género humano. La celebración del año litúrgico tiene como objetivo el conducir a los fieles a imitar a Cristo, no sólo en un sentido moral, sino en un plano ontológico, transformándolos poco a poco hasta llegar a «reproducir la imagen de su Hijo» (Rom. 8:29).

B. El domingo

La Constitución sobre la liturgia, del concilio Vaticano II, habla del domingo como «el fundamento y núcleo de todo el año litúrgico» y de su origen en la misma tradición apostólica (SC 106).

Fue «el primer día de la semana» —siguiendo el calendario judío— cuando resucitó el Señor (Mc. 16:2). San Pablo deja por sentado que los cristianos se reúnen «el primer día de la semana» (1 Co. 16:2). La misma expresión se emplea en los Hechos de los Apóstoles (Hch. 20:7). Esta frase, «el primer día de la semana», se siguió usando en zonas cristianas de ambiente sirio, pero en las comunidades donde dominaba la lengua griega se impuso la frase: «el día del Señor» (Ap. 1:10). La misma expresión se encuentra en la *Didajé,* y en autores como Ignacio de Antioquía. Tertuliano traduce la expresión al latín como *Dominica.* El emperador Constantino, en el 321, declara el domingo como día de descanso, y se refiere a él como *dies solis* (día del sol).

En la *Carta de San Bernabé* se afirma que la razón por la que se celebra el domingo es porque en ese día resucitó el Señor. Justino Mártir, en su *Apología,* hace referencia a la creación, y dice que el primer día de la semana Dios transformó las tinieblas y la materia, y creó el mundo; además, en ese día Jesús resucitó de entre los muertos y por eso se reúnen los cristianos.

En la asamblea dominical siempre se celebraba la eucaristía. La asistencia a la reunión semanal era obligatoria, incluso en tiempos de persecución. «Tenemos que celebrar el día del Señor». «No podríamos vivir sin celebrar el día del Señor», afirman los mártires de Abitina. No acudir a la asamblea era algo serio (Heb. 10:22-25). En la *Didascalia Apostolorum* leemos: «No antepongáis vuestros asuntos a la palabra de Dios, sino abandonad todo en el día del Señor y corred con diligencia a vuestra asamblea, pues aquí está vuestra alabanza. Si no, ¿qué excusa tendrán ante Dios los que no se reúnen el día del Señor para escuchar la palabra de vida y nutrirse del alimento divino que permanece eternamente?». Y San Crisóstomo dice: «No participar en la eucaristía es separarse uno mismo del Señor: la comida del domingo la celebramos en comunión con el Señor y con los hermanos». El domingo era considerado como un día festivo y de alegría, en el que no estaba permitido ayunar o arrodillarse, según los testimonios de la *Didascalia*, Tertuliano, Casiano y el concilio de Nicea.

La asamblea dominical se congregaba en la noche del sábado, porque el día empezaba al anochecer según la costumbre judía. Y debido a su importancia se desarrolló un oficio de vigilia (Hch. 20:7-10). La participación del pueblo en esta vigilia se ha mantenido más en la Iglesia ortodoxa, especialmente en Rusia. Antiguamente, en Roma, las ordenaciones se celebraban en la vigilia del domingo.

A partir del siglo IX, en Occidente, se permitió que las fiestas de santos tuvieran preferencia sobre el domingo. En la Iglesia católico romana esta costumbre se desbocó exageradamente, por lo que el concilio Vaticano II la ha corregido afirmando que al domingo «no se le antepongan otras solemnidades» (SC 106). En Oriente la Iglesia ha sido más fiel en la celebración del domingo; sólo algunas fiestas, y las conectadas con los «misterios de Cristo», se celebran en domingo. Las confesiones protestantes suelen celebrar las fiestas que recuerdan los «misterios de Cristo», el domingo más cercano a las mismas.

C. El Adviento

El año litúrgico comienza con el primer domingo de Adviento. En los antiguos sacramentarios romanos se hacía con la Navidad del Señor. En la liturgia bizantina, tiene lugar el 8 de septiembre con la fiesta de la Natividad de María.

Los primeros vestigios de un tiempo de adviento los encontramos en España y en Galia. En el sínodo de Zaragoza (380) se recuerda a los fieles la obligación de ir diariamente a la iglesia, del 17 de diciembre al 6 de enero. En Galia el Adviento adquirió un carácter penitencial semejante al de Cuaresma, con el uso del color púrpura, y suprimiendo el *Gloria* y las *Aleluyas* en las eucaristías. El acento se había colocado no en la llegada del Mesías, sino en la parusía, con el juicio final como clausura de los tiempos. Esta teología dio origen al *Dies Irae* que se escribió originalmente para el domingo precedente al Adviento. En Roma, gracias al papa Gregorio Magno, prevalece la conmemoración de la venida, en lugar del tema apocalíptico, con cuatro domingos precediendo a la Navidad. En el siglo VII, la composición de las «antífonas Oh» realza la preparación para la solemnidad de la natividad. Esas antífonas son una bellísima recreación poética de los títulos mesiánicos de Cristo y se recitan en las vísperas. A partir de los siglos VIII y IX, los sacramentarios dan testimonio de los cuatro domingos precedentes a la Navidad. El Adviento de seis semanas, típico en España y Galia, quedaba reducido a dos semanas. La época tenía ambiente festivo, se usaban vestimentas blancas y se cantaba el *Gloria*. Sin embargo, bajo la influencia del misal de Bobbio (famoso en el siglo VII por el monasterio del mismo nombre al norte de Italia), que acentuaba el carácter escatológico de la segunda venida, y del carácter penitencial de la liturgia galicana, se suprimieron el *Gloria* y las *Aleluyas* de la eucaristía. Roma lo hizo en el siglo XII.

D. La Navidad y la Epifanía

La celebración del nacimiento de Jesús sufre muchas vicisitudes. Durante varios años no se celebró. En el siglo III Clemente de Alejandría proponía como día más adecuado el 19 de abril, otros sugerían el 28 de marzo o el 29 de mayo. La primera noticia histórica de la Navidad procede del cronógrafo copiado por Furio Dionisio Filócalo en el 354 (aunque se remonta al año 336) que contiene una lista de mártires y de obispos de la Iglesia de Roma.

Encabezando la primera lista, se lee: 25 de diciembre fecha del nacimiento de Cristo en Belén de Judea.

Hay varias hipótesis para explicar la selección de esa fecha. Una de ellas nos habla de un festival pagano establecido el año 275 en Roma por el emperador Aureliano, con ocasión del *Natalis (solis) invicti,* el 25 de diciembre, día del solsticio de invierno, cuando los días empiezan a ser más largos y por lo tanto se considera que el sol triunfa sobre las tinieblas. Para contrarrestar esa fecha pagana se habría colocado la del nacimiento de Jesús, el verdadero *sol de justicia* (Mal. 4:2). Otra hipótesis nos habla del cálculo de la muerte de Jesús. Ya en el siglo III Hipólito creía que la pasión de Cristo había tenido lugar el 25 de marzo. Según creencia del judaísmo y de la Iglesia primitiva, las fechas del nacimiento y de la muerte en personajes importantes es la misma (así sucede con los patriarcas). La fecha del 25 de diciembre se habría fijado, pues, en base al 25 de marzo, fecha estimada de la muerte. Comoquiera que sea, lo cierto es que la Navidad se celebraba ya en el norte de África en el año 360, en España en 384, en Constantinopla en 380, y en Antioquía en 386.

La fiesta de la Epifanía se originó en Oriente, probablemente en Egipto, pero se extendió con el mismo significado por toda la zona oriental. El primero en dar testimonio de ella es Clemente de Alejandría, a finales del siglo II. Se celebraba el 6 de enero y en ella se conmemoraba el nacimiento y bautismo de Jesús. Aunque el término *epifanía* significa «manifestación», «revelación», eran varios los aspectos del misterio de Cristo que se celebraban en esa fiesta. Cuando en Occidente empezó a celebrarse el nacimiento de Jesús en el 25 de diciembre, algunos lugares orientales dejaron sólo el bautismo del Señor para la Epifanía.

En Occidente se aceptó la Epifanía a principios del siglo IV en España y Galia, y luego en Roma (354). En un período de cien años sufrió alteraciones en algunos lugares, donde a veces se celebraban: los magos de Oriente, las bodas de Caná, e incluso la transfiguración. Las homilías del papa León (440-461) mencionan su celebración, como la manifestación de Cristo a los paganos.

La fiesta de la Epifanía se celebra en muchos países latinos con el nombre popular de los Reyes Magos. Es un día lleno de atractivo para los niños, que esperan juguetes y regalos. A partir del siglo XIX se introduce la costumbre de que por la noche del día 5 se celebren cabalgatas con cortejos que acompañan a tres reyes engalanados en todo su esplendor y que se pasean por las ciudades tirando dulces a los niños, y dejando juguetes a los niños

Muchos elementos de esta fiesta popular se fueron agregando durante la Edad Media: el número de tres tal vez esté basado en los tres regalos; la transformación de magos en reyes puede tener fundamento en el salmo 72, 10-11, y 15: «Los reyes de Tarsis y las islas traerán tributo. Los reyes de Sabá y de Seba pagarán impuestos; todos los reyes se postrarán ante él, le servirán todas las naciones y mientras viva se le dará oro de Sabá». Sin embargo, se habló de dos, cuatro, siete y hasta doce, sin duda para incluir el número de apóstoles. Los nombres de Melchor, Gaspar y Baltasar aparecen en un mosaico bizantino del año 520, ubicado en Ravena, y se popularizan definitivamente a partir del siglo IX siguiendo el texto de Beda el Venerable, en su *Collectánea*. Todo ello obedece a la devoción popular.

También, en muchos lugares se practica, de diferentes maneras, la costumbre de la *rosca de Reyes*. Es un postre que se consume el día 6 de enero por la tarde, reunida la familia, para conmemorar el hecho de que los magos encontraran al niño Dios. En la rosca se esconde una figurilla del niño Jesús, y quien la encuentre será el anfitrión de otra fiesta futura, en algunos países, el dos de febrero, día de la Candelaria. La asociación con la Epifanía, puede significar la «manifestación» del niño rey, oculto a los humanos y ahora manifestado. De origen medieval, y posiblemente con raíces en alguna costumbre de los romanos, la trajeron al continente americano los misioneros españoles.

E. La Cuaresma y el Miércoles de ceniza

Al origen de la Cuaresma contribuyeron varios factores históricos, y está estrechamente relacionado con la celebración de la Pascua, de la cual depende. Efectivamente, antes de la celebración pascual, los primeros cristianos empezaron a observar ayuno el sábado. Según Tertuliano, era el único día del año «en el cual la obligación de ayunar era general, como si fuera oficial»; luego se añadió el viernes; y en el siglo III, según la *Didascalia*, ya se observaban seis días de ayuno; así se inició un proceso que culminaría en cuarenta días.

Otros factores decisivos provienen de los sacramentos del bautismo y de la reconciliación. Por Hipólito sabemos que los candidatos al bautismo tenían que observar un catecumenado de tres años, en el que se conjugaban estudio, oración, sacrifico y vida ejemplar, como preparación para el bautismo que recibían el día de Pascua. Al disminuir la práctica del catecumenado, la preparación para el bautismo consistía en unas semanas de intensa preparación antes de la Pascua. Independientemente de esto, el historiador Sócrates afirma que, en el siglo IV, en Roma ya se observaban tres semanas consecutivas de ayuno, antes de la Pascua. Así mismo, San Jerónimo hace referencia expresa a la Cuaresma o *quadragesima*, con relación clara al número simbólico bíblico de cuarenta; y Atanasio de Alejandría, exiliado en Roma (en el 340), escribe a su comunidad alejandrina indicando que en Roma se observan cuarenta días de penitencia antes de la Pascua. En Alejandría ya se venían observando seis días de penitencia. Lo interesante de esta comunidad es que, cuando deciden extender los días a cuarenta, no lo hacen en referencia a los cuarenta días que Jesús observó (según el Evangelio de Marcos 1:13), sino por conexión al bautismo como se hacía en Roma. Por otra parte, cuando en el siglo VII, la reconciliación pública comenzó a ser sustituida por la penitencia privada, la Cuaresma quedó fijada casi exclusivamente como tiempo penitencial y ascético.

Con la reforma litúrgica efectuada en la última parte del siglo XX, muchas confesiones cristianas han vuelto a enfatizar el doble aspecto histórico de este tiempo: la preparación para el bautismo (catecumenado) y la penitencia-oración y abnegación preparatorias para la Pascua.

El «Miércoles de ceniza» da comienzo a la Cuaresma. Sin embargo, históricamente este día, con su connotación litúrgica y espiritual, no aparece hasta el siglo XI. En el Antiguo Testamento ya se usaba la ceniza con carácter penitencial. Así lo entendieron y usaron también los primeros cristianos en casos de pecadores notorios. La costumbre de distribuir las cenizas no se originó en Roma, sino en las liturgias galicana y mozárabe, cuando los penitentes las recibían al entrar en un orden penitencial. La práctica adquirió popularidad. Sin embargo, fue el papa Urbano II, en 1091, quien mandó imponer las cenizas en las cabezas de los fieles el miércoles anterior al primer domingo de Cuaresma. Esto dio origen al Miércoles de ceniza. Al imponer las cenizas, después de la homilía, el ministro cita la frase bíblica: «Eres polvo y al polvo tornarás» (Gn. 3:19).

La Cuaresma se inicia con el Miércoles de ceniza y va hasta el Domingo de Ramos según unos, hasta el Jueves Santo según otros, o hasta el Sábado Santo según otros; en la enumeración de «cuarenta» unos computan los domingos y otros no.

En este apartado quiero exponer dos reflexiones personales que pueden ser de interés. Cuando llegué a Dallas de España en 1974, el primer Miércoles de ceniza fue toda una sorpresa para mí. De casi no celebrarlo ya en mi patria, de repente me vi con la iglesia llena de hispanos. No podía comprenderlo. Paulatinamente he ido aceptando que es éste uno de los días más significativos, sobre todo para los mexicanos. Virgilio Elizondo, en *Galilean Journey*, explica cómo el Miércoles de ceniza no es principalmente para los mexicanos ni el principio de la Cuaresma ni el inicio de una serie de sacrificios, sino una renovación cúltica de comunión con la madre tierra. La tierra ha sido siempre sagrada para el mexicano y quiere mantener una identidad fundamental con ella. Ese miércoles tengo la iglesia siempre llena. Al final algunos feligreses me piden que les dé algo de ceniza para imponérsela ellos a los enfermos que no han podido asistir a la celebración.

La segunda reflexión se refiere a la simbiosis ecuménica que los hispanos están originando en este país. Algunas confesiones cristianas que no celebraban el Miércoles de ceniza, lo están implantado para complacer la demanda espiritual de los latinos.

F. *La Semana Santa y el Triduo pascual*

La Semana Santa se inicia con el domingo de Pasión, o domingo de Ramos, y va hasta la Vigilia pascual celebrada el sábado, al caer la tarde. En cierto sentido la Semana Santa no es una unidad oficial dentro del calendario litúrgico, ya que, según unos, los primeros días, anteriores al Jueves Santo, formarían parte de la Cuaresma. La acepción de Semana Santa ha quedado consagrada porque en ella se celebran los misterios más solemnes de la fe cristiana. Las liturgias de estos días se formaron en diferentes momentos de la historia de la Iglesia. La de la Vigilia pascual es probablemente la más antigua de todas las celebraciones litúrgicas, incluso quizá sea de origen apostólico.

Antes de la reforma litúrgica, el domingo anterior al de Ramos se conocía como domingo de pasión. Ahora se han fusionado los dos en uno, de tal manera que la primera parte de la liturgia celebra la entrada de Jesús en Jerusalén, y la segunda parte, se centra en la lectura de la pasión del Señor.

La peregrina Egeria (381-384) describe cómo en el siglo IV ya se celebraba el Domingo de Ramos en Jerusalén. A la una de la tarde, la gente se reunía con el obispo en el Monte de los Olivos en la iglesia de Elena (una de las iglesias edificadas por Elena, la madre de Constantino); a las tres de la tarde la procesión se dirigía hacia la ciudad. La gente llevaba ramos y los movían mientras cantaban salmos, y la antífona: «Bendito el que viene en el nombre del Señor». La procesión procedía lentamente porque en ella se encontraban ancianos y mujeres llevando bebés. Llegados a la iglesia del santo sepulcro celebraban un servicio vespertino, se recitaba una oración en el lugar de la cruz, y se despedía a la gente.

Se escogió este día siguiendo la frase del Evangelio de Juan: «Seis días antes de la Pascua» (Jn. 12:1). En la procesión, el obispo representaba a Jesús. Más tarde, la imaginación medieval lo representó de diferentes maneras. Por ejemplo, con el Evangeliario abierto; en Inglaterra y Normandía, con la hostia consagrada; en Alemania, se llevaba un burro de madera con ruedas, sobre el cual iba una figura del Salvador. Esta costumbre del Domingo de Ramos se imitó, primero en España en el siglo V, en Galia en el VII, en Inglaterra al principio del VII, y finalmente en Roma en el XII.

El Triduo pascual es una expresión que abarca los tres días más significativos de la Semana Santa. Ya en el año 400, San Agustín, siguiendo a San Ambrosio, se refiere al triduo como a los «tres días más sagrados»

1. El Jueves Santo

Este día da inicio al gran Triduo pascual. Alguien ha dicho que el Jueves Santo es «uno de los días más complejos de todo el año eclesiástico». Se han conjugado en este día varios elementos: la conmemoración de la Última Cena, la reconciliación de los penitentes, la bendición de los óleos y el lavatorio de los pies, que en un principio se hacía el Sábado Santo. Al principio no se celebraban eucaristías durante la semana precedente a la Vigilia pascual. Al final del siglo IV en algunas zonas ya se celebraba una misa el Jueves Santo. Egeria, que llegó a Jerusalén como peregrina, cuenta cómo a las dos de la tarde se celebraba en este día una misa en el Martirio (la gran basílica edificada por Elena sobre el lugar donde se descubrió la cruz). A las cuatro de la tarde se reunían de nuevo detrás de la iglesia donde se había erigido una cruz —según se creía en el lugar de la crucifixión— para tener otra celebración. Luego iban a casa para comer algo, y regresaban más tarde al Monte de los Olivos, y pasaban la noche en oración y en lecturas de los evangelios, yendo de una iglesia a otra.

La costumbre de celebrar la eucaristía ese día por la tarde, bajo el nombre de la cena del Señor, se extendió por toda la Iglesia. Los penitentes, que antiguamente se reconciliaban en la Vigilia pascual, ahora eran admitidos en este día. En el siglo IV se empezó a permitir que los sacerdotes presidieran en los ritos de iniciación celebrados en la Vigilia pascual. Puesto que sólo el obispo podía bendecir los óleos que se usaban en el bautismo y en la confirmación, dicha acción tuvo que ser anticipada al Jueves Santo, para que los sacerdotes usaran los óleos en la Vigilia pascual.

En la Edad Media se incorporó la reserva de la eucaristía para la comunión del sacerdote al día siguiente y el lavatorio de los pies; en muchos lugares, los abades (directores de monasterios) lavaban los pies a los monjes, y los reyes a los aldeanos.

En la actualidad, se acentúa la manifestación de unidad del presbiterado con el obispo. Todos renuevan los votos sacerdotales. El obispo bendice los óleos. Por razones prácticas, en algunas confesiones cristianas, esta celebración con el obispo tiene lugar otro día de la semana, anterior al Jueves Santo, permitiendo así que los sacerdotes puedan celebrar la festividad con sus feligreses.

2. El Viernes Santo

El Viernes Santo no se observaba en un principio. Los primeros cristianos consideraban la Pascua cristiana como una fiesta que comprendía la muerte y la resurrección de Jesús. Así que no pensaron en celebrarlo por separado. Sin embargo, a finales del siglo IV la peregrina Egeria describe este día con un servicio que iba desde las ocho de la mañana hasta el mediodía. Los diáconos llevaban una caja decorada en oro que contenía un trozo de madera que se creía pertenecía a la auténtica cruz sobre la que Jesús murió; este trozo se exponía junto con la inscripción de la cruz, sobre una mesa cubierta con un paño y colocada en el patio de la basílica del Martirio. El obispo lo sostenía y los fieles lo veneraban. El servicio continuaba con lecturas, salmos e himnos, hasta las tres de la tarde. Luego entraban en la basílica para tener otro servicio, y finalmente iban a la tumba donde se leía la narración del entierro que tiene el Evangelio de Juan (Jn. 19:38-42).

En el siglo VII se llevaron reliquias de la cruz a Roma y se introdujo el servicio del Viernes Santo. Otras iglesias fueron adquiriendo trozos de madera de la considerada auténtica cruz y empezaron a observar ritos como el de Jerusalén. Finalmente, la práctica se extendió incluso a iglesias que no contaban con una reliquia de la cruz.

Se ha de notar que ni el trozo de madera venerado por los fieles, ni las primeras cruces contenían imagen alguna de Cristo. De hecho, en las dos últimas semanas de Cuaresma, se empezó a cubrir las cruces porque algunas estaban decoradas con alhajas. Se descubrían en el servicio solemne del Viernes Santo. Así pues, la historia demuestra que la antigua costumbre se centraba en venerar una reliquia de la cruz, y no al Cristo o crucifijo.

El culto del Viernes Santo comprende tres partes: la liturgia de la palabra, la veneración de la Cruz, y la comunión que se recibe de los elementos consagrados en la misa del día de Jueves Santo.

En este día ha sido tradicional predicar sobre las *siete palabras* o frases pronunciadas por Jesús en la cruz. (Costumbre oficialmente suspendida en la Iglesia católico romana en las reformas efectuadas al final de los años sesenta). El origen de esta devoción es incierto. Sabemos que el jesuita Roberto Belarmino (1542-1621) escribió un libro sobre estas palabras, lo cual indica que la devoción ya debía estar extendida. Los jesuitas trajeron la costumbre al nuevo continente y difundieron la devoción con ocasión de un terremoto que tuvo lugar en Lima en 1687. Posteriormente se convirtió en el servicio de tres horas, que va del mediodía a las tres de la tarde. La predicación durante este servicio versa sobre las siguientes frases:

- «Padre, perdónalos, porque no saben lo que hacen» (Lc. 23:34).
- «Hoy estarás conmigo en el Paraíso» (Lc. 23:43).
- «He aquí a tu hijo: he aquí a tu Madre» (Jn. 19:26).
- «Dios mío, Dios mío, ¿por qué me has abandonado?» (Mt. 27:46).
- «Tengo sed» (Jn. 19:28).
- «Todo está consumado» (Jn. 19:30).
- «Padre, en tus manos encomiendo mi espíritu» (Lc. 23:46).

Durante la devoción se intercalan himnos, oraciones y momentos de silencio para reflexionar. Todavía se practica en algunas confesiones cristianas, y por algunos grupos de hispanos en la católica.

3. La Vigilia pascual

La Vigilia pascual es la piedra angular sobre la que gira y se funda todo el año cúltico y eclesiástico. Todos los bautismos celebrados durante el año hacen referencia al rito de este día. Todas las eucaristías celebradas durante el año son como la repetición de lo celebrado en esta liturgia. En esta celebración recordamos los eventos claves de salvación: la pascua judía que celebra la salida de la esclavitud en Egipto a la libertad de la Tierra Prometida, la pascua de Jesucristo pasando de la muerte a la resurrección, y nuestra propia pascua superando la esclavitud del pecado y resucitando a una nueva vida que nos da el Cristo resucitado. La Vigilia abre el tiempo pascual con el retorno del *Gloria* y del *Aleluya,* suprimidos durante la Cuaresma. Además, la Pascua, o el domingo de Resurrección, es el primer día del tiempo pascual.

Aunque no hay vestigios cristianos de esta fiesta en el Nuevo Testamento, se daba una práctica de la que ya hay testimonio claro en el siglo III. Al hablar del sacramento del bautismo pudimos ver que, según la *Tradición Apostólica,* en esa época todos los bautizos tenían lugar en la gran Vigilia pascual.

En tiempo de los sacramentarios, la Vigilia se iniciaba encendiendo el nuevo fuego y cantando el *Exultet.* Este es un canto que se remonta por lo menos al siglo IV. Esa es la primera palabra del canto cuyo inicio dice así: «Exulten por fin los coros de los ángeles, exulten las jerarquías del cielo, y por la victoria de Rey tan poderoso que las trompetas anuncien la salvación». Continuaba una serie de entre cuatro y doce lecturas del Antiguo Testamento, entre las cuales había salmos, cánticos y oraciones. Normalmente los temas de las lecturas eran: la creación, la caída, el diluvio, el sacrificio de Isaac, la pascua, el paso del mar Rojo, la entrada en la tierra prometida, Isaías 4 y 55, el valle de los huesos secos y Jonás. Después se bendecía el agua de la pila bautismal con una fórmula repleta de imágenes bíblicas; en algunas partes se asperjaba a la gente como recuerdo de su propio bautismo. Se llamaba a los candidatos al bautismo para que hicieran las renuncias y la profesión de fe. Después de la inmersión en el agua se les ungía con el aceite bendito. En el rito galicano, un sacerdote con cargo destacado lavaba los pies de los nuevos bautizados. A los bautizados se les vestía con ropas blancas (que debían llevar durante varios días), y luego se celebraba la eucaristía, en la cual todos comulgaban sin importar la edad.

A medida que se empezó a bautizar a los niños al poco tiempo de nacer, la Vigilia pascual dejó de ser el día principal para los bautizos. Los ritos de este día se acortaron, y la ceremonia empezó a celebrarse el sábado por la tarde.

El *Libro de Oración Común* de 1549 tampoco ofreció una liturgia especial para la Vigilia; los temas asociados al bautismo se incluyeron en la liturgia del día de Pascua. El nuevo libro de oración de 1979, recobra al máximo la liturgia de la Vigilia pascual, con sus cuatro partes principales: el servicio de la luz, la liturgia de la palabra, los bautismos o la renovación de las promesas bautismales, y la santa eucaristía. Este esquema, con pequeñas variantes, es el que siguen las mayores confesiones cristianas.

G. Tiempo pascual

El tiempo pascual tiene su antecedente en el período de tiempo que transcurría de la pascua judía a *la fiesta de las siete Semanas* o Pentecostés, mencionado en el Levítico (23:5-16).

Los cincuenta días que van del domingo de Resurrección al de Pentecostés marcan el tiempo pascual. Este es un tiempo de alegría y exultación. En realidad es una extensión de la Pascua. Según San Atanasio, todo este tiempo es como «un gran domingo». Los ocho días siguientes a la Pascua se equiparán a las solemnidades del Señor. En el siglo IV se introdujo la fiesta de la Ascensión a los cuarenta días de la Pascua, y Pentecostés se convirtió en la solemnidad de la venida del Espíritu Santo. Posteriormente, los domingos del tiempo pascual apenas tenían relevancia; la unidad originaria de la cincuentena se había perdido. La reforma litúrgica moderna, tantas veces mencionada, ha recobrado la unidad y coherencia de todo este período pascual.

Estrechamente relacionada con los grandes misterios, tenemos la festividad de la Santísima Trinidad, que se celebraba el primer domingo después de Pentecostés, como colofón del misterio trinitario (Dios Padre, Hijo y Espíritu Santo). La devoción a este misterio se inició en la Edad Media. Se introdujo en el calendario romano en l334, y alcanzó gran difusión a través del misal promulgado por Pío V en 1570.

Durante el tiempo pascual, incluido el día de Pentecostés, se leen los Hechos de los Apóstoles en la primera lectura. Esta observación nos conduce a mencionar brevemente el Leccionario.

H. El Leccionario

El cristianismo no contó con libros litúrgicos durante los tres primeros siglos de su origen. Había un esquema para la celebración litúrgica, apenas bosquejado en el libro de los Hechos de los Apóstoles, 2:42: «eran asiduos en escuchar la enseñanza de los apóstoles, en la convivencia, la fracción del pan y las oraciones». Fue un período de gran flexibilidad y espontaneidad en la celebración eucarística, y la presidía quien mayor sentido de oración tenía, escogido por la comunidad.

En el año 155, San Justino Mártir testifica que antes de la eucaristía se leían «los recuerdos de los apóstoles o escritos de los profetas mientras el tiempo lo permitiera» (1 Apol. 67). En esos años no existía la Biblia tal como hoy la conocemos. Mientras los judíos mantenían la Escritura en rollos, los cristianos, por ser pobres, empezaron a colocar sus escritos en hojas de papiro o de piel de animales de forma que pudieran leerse y guardarse con relativa facilidad (con ello, y sin darse cuenta, inventaron el libro). Después de la conversión de Constantino, y a medida que el cristianismo se convierte en la religión oficial del imperio, se ve la necesidad de tener libros litúrgicos para evitar que quien presidiera la celebración involuntariamente pudiera caer en herejías. Se necesitaba una forma común de celebración, aunque las tradiciones particulares de orar continuaron hasta el siglo VII.

A la liturgia de la sinagoga judía se le agregaron, en las eucaristías cristianas, la lectura de las epístolas de los apóstoles y los evangelios, que constituyeron las fuentes de lo que ahora conocemos como la liturgia de la palabra. La costumbre más extendida fue la de usar tres lecturas, una del Antiguo Testamento y dos del Nuevo. A finales del siglo VII empiezan a usarse sólo dos lecturas del Nuevo Testamento los domingos, y una del Antiguo y otra del Nuevo los días feriados. Las lecturas para las diferentes épocas del año se fueron fijando paulatinamente.

Constantino, en carta dirigida al obispo Eusebio, le pide que se preparen cincuenta textos de la Escritura para destinarlos al uso litúrgico. En esa carta el emperador pide que esos textos sean bellos y que quienes los preparen sean «personas versadas en las artes antiguas».

Sin embargo, no hay «leccionarios autorizados» hasta finales del siglo V, cuando aparecen un Evangeliario y un Epistolario, preparados por Museo, presbítero de la Iglesia de Marsella, a petición de su obispo Venerio. Los primeros Leccionarios completos datan del siglo VII, como libros litúrgicos que reemplazan a la Sagrada Escritura.

En el siglo IX, dando uniformidad a la celebración litúrgica, aparece un solo libro litúrgico que contiene las antífonas, las epístolas, los evangelios, los sacramentos y el ordo. Finalmente, con la invención de la imprenta (1440), al multiplicarse los libros litúrgicos, se consolidó la uniformidad litúrgica.

Mientras el Leccionario continuó con tres lecturas en el rito gálico y en España, el rito romano se conformó con sólo dos. El Leccionario romano se tomó como base del misal usado en la diócesis de Salisbury, conocido como misal Sarum. En la reforma litúrgica llevada a cabo en la Iglesia Anglicana en el siglo XVI Cranmer retuvo el misal Sarum, aunque realizó substituciones, extendió algunas lecturas y abrevió otras.

El Leccionario actualmente en uso es una revisión del adoptado por la Iglesia católico romana después del concilio Vaticano II. Fue el papa Pablo VI quien promulgó el nuevo *Orden de las lecturas de la misa*, el 24 de junio de 1969. Se ha de mencionar que el Leccionario actual fue el fruto de un período de cuatro años de trabajo que resumía la investigación de 800 expertos en Sagrada Escritura, liturgia, catequesis y pastoral. En cierto modo es un acuerdo ecuménico, ya que tanto católicos como episcopales, luteranos, presbiterianos, metodistas y miembros de la Iglesia Unida de Cristo usan prácticamente las mismas lecturas.

El Leccionario se acomoda a la estructura del año litúrgico: Adviento, Navidad, Epifanía, Cuaresma, Triduo pascual y Pentecostés. Consta de tres ciclos, de un año cada uno, llamados A, B y C. En el A, se lee el evangelio de San Mateo, en el B, el de San Marcos, incluyendo el capítulo sexto de San Juan, y en el C, el de San Lucas. En las fiestas solemnes se leen las mismas lecturas en los tres ciclos.

De esta manera, el Leccionario se convierte en una fuente de alimento espiritual para quienes asisten a la iglesia semanalmente y que, por otra parte, no suelen leer la Biblia en sus casas.

I. El Santoral

El mundo antiguo prestó un respeto reverencial a los muertos. La ley romana protegía las tumbas que habían de colocarse fuera de los límites de la ciudad. Las ceremonias observadas en memoria de los muertos variaban en detalle en los diferentes puntos del Imperio, pero las más comunes eran las visitas a las tumbas el día del cumpleaños, llevar flores y perfumes y celebrarlo con una comida en su honor. Lo novedoso, en el caso de los cristianos, fue celebrar el día de la muerte, porque en ese día realmente habían nacido y resucitado a una vida plena con Cristo. Otro elemento iniciado por los cristianos fue el de reunirse como comunidad en los cementerios y tener lecturas, salmos, himnos y la eucaristía en memoria del muerto. En el siglo segundo varios testimonios hacen referencia a estos detalles como en el caso del mártir Policarpo.

En la obra sobre *El martirio de Policarpo* se cuenta que unos judíos empezaron a sospechar que tal vez los nuevos cristianos abandonarían a Cristo para seguir a Policarpo (que ya había sido martirizado) a lo que el autor responde: «Jamás olvidaremos a Cristo, que sufrió por la salvación de la humanidad; tampoco podremos adorar a ningún otro».

La veneración y admiración que los primeros cristianos profesaron a los mártires dio históricamente origen al culto de veneración a los santos. Cada iglesia contaba con una lista de mártires e incluía los nombres de los más famosos en la plegaria eucarística y en las letanías.

Posteriormente se empezó a venerar también a los ascetas, a las vírgenes y a los obispos. En un principio la veneración estaba centrada en la localidad, pero poco a poco la fama del santo hacía que su culto se extendiera a otras partes. A partir del siglo IV algunos factores contribuyeron a la expansión del culto a los santos: el traslado de reliquias, las peregrinaciones, la difusión de los libros litúrgicos, la influencia de unas liturgias sobre otras, la propagación de las actas de los mártires y de las vidas de los santos. No todos los datos transferidos y difundidos obedecían a la realidad. La fantasía, la imaginación y la leyenda contribuyeron a la proliferación de santos y al engrandecimiento de sus hazañas.

En torno a los años mil se solicitó del papa que reconociera el culto de veneración a los santos. Alejandro III así lo dispuso en 1171 para toda la Iglesia latina. En 1634 se instituyó la beatificación, como etapa previa a la canonización. En 1969 el papa Pablo VI creó la congregación para la Causa de los Santos. El procedimiento actual seguido en la Iglesia romana se rige por la constitución *Divinus perfectionis Magister,* del papa Juan Pablo II.

Este proceso ascendente del reconocimiento de vida ejemplar dado por algunos cristianos se desbordó, y llegó el momento en que en el mismo año litúrgico se había opacado la misma importancia del Señor. Por ello, el concilio Vaticano II tuvo que dar marcha atrás declarando que «para que las fiestas de los santos no prevalezcan sobre los misterios de la salvación, déjese la celebración de muchas de ellas a las iglesias particulares, naciones o familias religiosas» (SC 111). Así pues, desaparecieron muchos nombres del nuevo Calendario General Romano de 1969; los que quedaron se escogieron según un doble criterio: de exactitud histórica y universalidad del santo en espacio y tiempo. Más aún, en un esfuerzo verdaderamente ecuménico, muchos templos modernos católico-romanos apenas exhiben estatuas de santos.

Lutero defendió el uso de imágenes, y aunque reconoció enfáticamente el valor del ejemplo de los santos para mover al pueblo a obrar bien y a mantener la fe, descartó del Santoral fiestas como la Anunciación, la Purificación, la Visitación, San Juan Bautista, San Miguel, el Día de los Apóstoles, y otras. La *Confesión de Ausburgo* excluye la veneración de los santos.

Calvino se pronunció de una manera más fuerte en contra de la invocación de los santos, porque amenazaba la mediación de Cristo. Así que el Santoral desapareció del continente europeo, pero sobrevivió en Suecia y en Inglaterra. Los dos primeros libros de oración, en Inglaterra, retuvieron una docena de santos, la mayoría de ellos apóstoles. El de 1662 añadió más de sesenta nombres. Los libros actuales de la Comunión anglicana incluyen una lista más amplia de nombres. El actual libro de adoración luterano (LBW), además de santos notables, incluye nombres que se han distinguido por brindar un servicio cristiano destacable. Entre ellos se menciona a Miguel Ángel, Alberto Durero, Copérnico, J.S. Bach, Heinrich Schütz, G.F. Handel y Dag Hammarskjöld. Los metodistas recuerdan la «conversión» de Juan Wesley en el 24 de mayo.

Otras confesiones cristianas han adoptado medidas semejantes de reconocimiento al ejemplo dado por cristianos de vida virtuosa heroica; siempre con mucha moderación y respetando por encima de todo la primacía de Cristo Salvador.

J. La Virgen María, madre de Jesús

Las primeras referencias sobre María, madre de Jesús, incluida en los cultos de adoración, las encontramos en el siglo II, en una frase de la homilía de San Melitón de Sardes sobre la Pascua, y más tarde en el interrogatorio bautismal y en la plegaria eucarística de la *Tradición Apostólica* de Hipólito. En el siglo IV con las fiestas de la Navidad y de la Epifanía, se destaca la figura de la madre del Señor, aunque no puede hablarse de fiestas marianas. El concilio de Éfeso (431) reivindicó el título de *Theotokos* (Madre de Dios) ante los teólogos y obispos que preferían llamarla sólo madre de Cristo. Después de este concilio surgen las fiestas de la Virgen en sentido estricto. La primera es la solemnidad del 15 de agosto, el *día de la Madre de Dios María*, como la denomina el *Leccionario Armenio* de Jerusalén, en el siglo V. Poco después aparecieron las fiestas de la Natividad de María, de la Presentación en el templo, de la Anunciación del Señor. Estas fiestas fueron las únicas aceptadas con carácter general en la liturgia romana hasta el siglo XIV. En ese siglo se adoptaron las fiestas de la Visitación y de la Inmaculada Concepción de María. Las fiestas en honor a María fueron adquiriendo un crescendo incontrolable, si tenemos presente todas las «apariciones» que la devoción popular ha hecho famosas.

Comoquiera que muchas de las fiestas que se encuentran en el calendario católico romano obedezcan a una teología diferente a la mayoría de las restantes confesiones, no entramos aquí en detalles. Sin embargo, sí es obligada una palabra de ponderación en honor de María. No comprendemos posturas cristianas que no quieren saber nada de la madre de Jesús, cuando por otra parte esas mismas mentes son intransigentes a la hora de adoptar literalmente siempre la Biblia. En ella se menciona a María repetidas veces, incluso desarrollando papeles de gran importancia, en las Bodas de Caná, junto a la cruz, y otras. ¿Por qué no dar a María el reconocimiento que las mismas Escrituras le dan? Es hora de superar posturas fundamentadas en un sentimentalismo hostil que no tiene nada de objetivo y racional. María, por el mero hecho de ser la madre de Jesús, se merece un puesto de preeminencia, en el Santoral y en nuestras vidas.

K. El oficio divino (las horas)

El hebreo quería santificar no sólo épocas y días especiales, sino todo el tiempo. En el templo había sacrificios por la mañana y por la tarde, y servicios de culto con salmos y oraciones a las nueve de la mañana y a las tres de la tarde. Los servicios en la sinagoga consistían en oraciones y, por lo menos el día del sábado, en la lectura y exposición de las Sagradas Escrituras. En tiempos de Jesús, la liturgia de la palabra se celebraba en las sinagogas algunos días de la semana y antes de la comida del sábado. El judío devoto oraba al Señor al «caer la tarde, a la mañana, y al mediodía» (Sal. 55:18). Lo mismo leemos en el libro de Daniel, quien nos da testimonio de que él mismo se arrodillaba tres veces al día, para orar y dar gracias a su Dios, y así lo había hecho siempre (Dn. 6:11). El hebreo recitaba, al acostarse y al levantarse, la oración del *Shema Yisrael* («Escucha, Israel»), la profesión de fe en el Dios único (la oración completa se puede ver en Deuteronomio 6:4-9; 11:13-21 y Números 15:37-41). Jesús mismo la sabría de memoria y la recitaría como todo buen judío; hay referencias a ella en Marcos 12:29-30. En múltiples lugares los evangelios dan testimonio de que Jesús se retiraba a orar; y recomendaba a sus discípulos orar con pureza de intención, y sin cesar: «Es necesario orar siempre» (Lc. 18:1).

Los Hechos de los Apóstoles hablan de la «perseverancia en las oraciones» de la comunidad cristiana (2:42). Como Jesús, también los primeros cristianos acudían al templo y la sinagoga, pero se reunían para la «fracción del pan» en las casas (Hch. 2:46-47). La *Didajé* (mediados del siglo I) recomendaba que se recitara el padrenuestro en tres momentos diferentes del día.

Ya en el siglo II, en algunos lugares, los cristianos jalonaban el día con servicios por la mañana y por la tarde. Estos servicios se conocen por el nombre de «oficio divino», consistente en la recitación de oraciones, salmos y lecturas de pasajes bíblicos. Con el siglo III nos llegan testimonios de las horas tercia, sexta y nona (partes del oficio divino), recitadas a las nueve de la mañana, al mediodía y las tres de la tarde, junto a los oficios matutinos y vespertinos, que eran horas «fijas y determinadas» en memoria de la pasión de Cristo. La paz constantiniana favoreció el desarrollo de un oficio divino y empezaron a formarse dos modelos: el eclesial, presidido por el obispo o por un presbítero con asistencia del clero y del pueblo, en el que recitaban el oficio divino de *laudes* por la mañana y las vísperas por la tarde. Por otro lado, estaba el modelo monástico, que deseaba dedicar el mayor tiempo posible a la plegaria. Así, junto a las laudes, se introdujeron las vísperas y las horas intermedias, prima, completas y las vísperas nocturnas.

De los siglos VI al IX, cuando todavía no era costumbre celebrar la eucaristía diariamente, el oficio divino constituía la santificación de los días de la semana. La recitación de las horas era la oración diaria de la Iglesia para el clero y el pueblo. En esos siglos se creó un gran número de elementos no bíblicos como antífonas, himnos, responsorios, colectas, parecidos a los creados para la misa y los sacramentos. Cuando al final de esos años se impuso el oficio divino de oración como obligación coral, se inició una decadencia en el mismo, ya que el clero, dedicado a la cura de almas, no podía dedicar el tiempo obligado a esas horas. Además, este oficio, que al principio había sido muy sencillo, con el correr del tiempo aumentó tanto que se requerían varios libros para su recitación. Las cosas se complicaron todavía más a partir del siglo XV. Como consecuencia de la *devotio moderna*, se acentuó la espiritualidad individualista, y como resultado la misa y el oficio se convirtieron en devociones privadas y obligatorias del sacerdote.

Hacía falta una reforma. Se mencionó ya la intentada por el cardenal Francisco Quiñones en su *breviario* que se hizo famoso y popular pero fue prohibido por el papa Paulo IV. Algunos Reformadores alemanes quisieron restablecer las horas de la mañana y de la tarde para todo el pueblo. Lo mismo hicieron otras iglesias de la Reforma. Se recitaban salmos, se tenían lecturas y predicación. Para el *Libro de Oración Común,* Cranmer preparó dos borradores, uno basado en el orden seguido en Alemania, y otro inspirado en el breviario de Quiñones. Para que el oficio fuera más atractivo al pueblo, suprimió antífonas, responsorios e himnos. Se obligó al clero, encargado de congregaciones, que recitara públicamente las horas en la iglesia para que el pueblo fuera edificado y se agregara a la oración.

Sin embargo, para la mayoría de los Reformadores el estudio de la Biblia adquirió más importancia que el tiempo dedicado a la oración. Zuinglio restauró dos servicios de oración diarios, pero más con la intención de hacer exégesis de las Escrituras que de orar. Lutero también presentó dos, uno al final del día laboral y otro por la noche antes de acostarse.

Hoy día, en las tradiciones evangélicas y pentecostales ha prevalecido el individualismo protestante. Para orar no hace falta ir a la iglesia. A la pregunta de cómo acercarnos más a Dios, la respuesta común de cualquier evangélico será «leer la Biblia y orar con más frecuencia». El evangélico americano medio valora mucho la devoción privada y en pequeños grupos.

Finalmente, la reforma en la Iglesia católico romana llegó con el concilio Vaticano II. Los objetivos fueron recuperar «la verdad de las horas» para santificar el curso entero del día y de la noche. La mayoría de los libros de oración de otras confesiones cristianas incluyen oficios sencillos para la mañana (maitines), para el mediodía, para la tarde (vísperas) y para la noche (completas).

CAPÍTULO 12
La ambientación:
espacio, música y color

A. El lugar de la celebración

El lugar de la celebración es otro elemento decisivo en la acción litúrgica. No se trata de algo inmutable y fijo a través de la historia, sino de algo flexible y mudable de acuerdo a las circunstancias, los tiempos y al mismo espíritu humano.

Si durante miles de años el ser humano no tuvo otro templo y altar que el de la naturaleza, con la evolución de la vida y al irse cobijando en edificios, también introdujo el culto a la divinidad en edificios. Incluso después de erigir pirámides, pagodas, templos, iglesias, basílicas, catedrales y sinagogas, el ser humano todavía es libre de elevar su corazón a Dios en medio de la naturaleza, y de ofrecerse a sí mismo como auténtico «culto espiritual» (Ro. 12:1, VBJ) integrado en la sociedad.

De esto tenemos muchos testimonios en la Biblia, desde los primeros libros donde se mencionan sacrificios al aire libre, hasta la erección del templo realizada por Salomón (1 R. 8:1ss). El templo se convirtió en el centro religioso, pero los profetas con frecuencia denunciaban la superficialidad del culto, y anunciaban una alianza de amor pactada en el corazón humano (Jer. 31:31-32; Ez. 36:26-27). Esa promesa se realizó en Jesús, encarnado, y sacrificado por nosotros en la cruz, momento en que la Tierra y el Gólgota fueron templo y altar a la vez para todo el universo.

Jesús es el auténtico modelo de culto ofrecido «al Padre en espíritu y en verdad» (Jn. 4:23) que conserva profundo respeto por el templo como lugar de oración (Mt. 21:12-13), y anuncia el templo nuevo reedificado en la resurrección (Jn. 2:18-22). Los discípulos de Jesús y los primeros cristianos acudían a la sinagoga y al templo, pero eran conscientes del final del templo material (Hch. 2:46; 3:1; 7:44-49) y de que ellos eran las piedras vivas del templo espiritual (1 Co. 3:16-17).

Minucio Félix, romano converso, podría decir en el siglo III que «los cristianos no tenemos templos ni altares». Era debido a dos razones principales: a ser una religión prohibida y a la mentalidad escatológica de los primeros cristianos que creían inminente el regreso de Cristo.

El templo, como edificio destinado a la adoración, cuenta con los antecedentes de la herencia judía, la helenístico-romana y la bizantina. Además del templo y la sinagoga, el hebreo se reunía en el «aposento alto» de las casas, donde se realizaba la liturgia doméstica (Mc. 14:15; Lc. 22:12; Hch. 1:13). De hecho, con la ruptura definitiva entre judíos y cristianos, éstos continuarían usando la casa como lugar de oración y culto (Hch. 2:46) hasta convertirla en una «pequeña iglesia»; así fueron comprando casas para dedicarlas a este fin. La única que se ha podido recuperar y renovar (231 d.C.) se encuentra en Dura Europos, Siria, y contaba con un lugar para la asamblea general, una sala de reunión y un bautisterio.

Después de Constantino el cristianismo adoptó y adaptó la basílica que provenía de la cultura helenístico-romana. Era un edificio con una amplia lonja central, apta para la convivencia social. El cristianismo terminaría configurándola en tres partes principales: el atrio o pórtico de entrada, las naves y el santuario. El mundo bizantino usa las grandes cúpulas de la basílica como imagen de la bóveda celeste. Esta arquitectura adopta un carácter más simbólico y teológico, apto para unir a los fieles en una liturgia terrena en conexión con la celeste.

En el año 382, San Ambrosio de Milán edificó la basílica de los Apóstoles, copiando de la que Constantino había edificado en Constantinopla. Es la primera construcción en Occidente en forma de cruz y con carácter simbólico. Ambrosio explicó que «el templo tiene forma de cruz, una imagen triunfal que marca el lugar con la victoria sagrada de Cristo». También consideró apropiado colocar reliquias de los santos mártires, bajo el altar, donde Cristo es la víctima.

En el Norte de África, San Agustín consideró que el altar debía colocarse en medio de la nave de la iglesia para que toda la congregación se reuniera en torno a él. Y la zona del ábside debía dedicarse a la liturgia de la Palabra.

La idea de las reliquias agradó tanto que muchos se fueron a Roma a la caza de ellas y se las llevaron a otros países dando así inicio a un cambio radical en la estructura del templo. Se multiplicaron los altares laterales en torno a la nave central, para dar cobijo a las reliquias; en cada altar se debía celebrar una misa, y sólo una por día. En este tiempo abundaban los curas cuya principal ocupación era celebrar la misa en latín y en soledad.

La Edad Media conoció dos estilos destacados de arquitectura. El *románico*, de estilo sereno enraizado en la tierra, y el *gótico* que se enclava en el cielo por su esbeltez.

Los reformadores rechazaron un espacio de culto que obedecía a una teología con la que no estaban de acuerdo. Y erigieron templos acomodados a su pensamiento, «lugares donde se escuche la Palabra y se cumpla escrupulosamente». Las únicas cosas necesarias eran: una campana, un púlpito, una fuente bautismal y la mesa para la cena del Señor. Después del fuego de 1666 en Londres, Sir Christopher Wren construyó más de cincuenta iglesias de tamaño pequeño a fin de que «todos los presentes puedan oír y ver».

Una de las consecuencias lamentables de la Reforma fue el auténtico vandalismo iconoclasta desatado por los puritanos. Durante años de ceguera apasionada se destruyeron crucifijos, estatuas, vidrieras y otros objetos que olieran a «romanismo», la mayoría de ellos verdaderas obras de arte, que la humanidad perdió en un momento de celo religioso mal orientado.

La Iglesia católica, después del concilio de Trento, conocería el arte *barroco* que convirtió las iglesias y los retablos en una exaltación de la fe católico romana. La exuberancia y el contraste de formas, sonidos y colores impresionaban al pueblo y provocaban la emoción religiosa. Así que el templo se pobló todavía de más imágenes de santos. En muchos aspectos, el pueblo hispano que servimos quedó anclado en ese cristianismo barroco.

Finalmente, el movimiento litúrgico y el concilio Vaticano II, han dado una nueva impronta a la arquitectura cúltica de todas las confesiones cristianas. Los criterios más destacados son: la simplicidad, la participación activa de los congregados, la condición de corporeidad de la asamblea, la audición clara de la Palabra y la accesibilidad al altar para participar en la cena del Señor. En otras palabras, la disposición arquitectónica moderna del templo debe expresar el sacerdocio de todos los creyentes. De esta forma la separación entre «oficiantes» y creyentes ha de ser mínima. Todo ha de reflejar la doble dimensión de la adoración: la vertical, que coloque al adorante en comunión con Dios, y la horizontal, que establezca lazos de amor y comunidad entre los feligreses.

Sin embargo, la carencia de templos no debe sofocar la palabra de Dios. En este sentido el mejor ejemplo lo dan algunas iglesias protestantes, como los pentecostales y evangélicos, que convierten casas, garajes, almacenes, en lugares dignos de adoración. Este fenómeno también se observa en otras confesiones, aunque en menor escala. En barrios pobres, donde no hay templo disponible, se inicia la misión en un espacio digno. Esa ha sido también la práctica de las *comunidades de base* surgidas a partir de la teología de la liberación. Con todo, el fenómeno pentecostal y evangélico ha llamado la atención por su extraordinario crecimiento. Y creo que hay algo que aprender de ellos, porque en esos lugares de adoración el pueblo ya no se siente como un extraño, sino que se hace dueño de toda la empresa, con perdón del término. Los fieles construyen los altares, los púlpitos, las vidrieras y la decoración del edificio, incluyendo, a veces, frases bíblicas pintadas por las paredes. Todo ello modesto, sencillo y digno, pero que refleja la cultura y la entrega del pueblo.

Dentro del templo tradicional, los elementos más destacados a través de la historia han sido: la *nave*, lugar donde se reúnen los fieles para participar en la celebración; el *presbiterio*, la zona donde se desarrollan la mayoría de los ritos; el *altar*, donde se renueva la cena del Señor; el *tabernáculo*, para la reserva de la eucaristía; el *ambón*, sitio reservado para anunciar la palabra de Dios, mueble que debe ser estable; el *púlpito*, plataforma elevada con antepecho situada en la nave, en la que se predica al pueblo (en iglesias modernas queda sustituido por el ambón); la *sede* donde se sienta el que preside la asamblea; la *cátedra*, signo del magisterio y de la potestad del pastor de la iglesia particular; el *baptisterio* donde se celebran los bautismos; y, en algunas confesiones, la *sede penitencial* (confesionario).

B. *Cánticos de alabanza al Señor*

Nos referimos al cántico como componente integrante de la adoración a la divinidad. Mientras que muchos de los elementos litúrgicos fueron apareciendo con el devenir de la historia, la música y el canto han acompañado al culto desde tiempos remotos.

En la Biblia hay abundantes ejemplos en este sentido. El más evidente se encuentra en los Salmos, la mayoría de ellos cánticos de alabanza al Señor; otros invitan al cántico y a la música con instrumentos para bendecir al Señor. Baste recordar el Salmo 96:1-2: «Cantad a Jehová cántico nuevo; cantad a Jehová, toda la tierra. Cantad a Jehová, bendecid su nombre».

Como buen judío, Jesús cantaría los salmos más de una vez. Probablemente una de sus últimas acciones cúlticas fuera cantar los salmos; Mateo dice que «después de haber cantado el himno, salieron al monte de los Olivos» (Mt. 26:30).

La Iglesia primitiva continuó en esta tradición. Existen numerosos ejemplos. Por ejemplo, en la Epístola a los Efesios: «Cantad y salmodiad en vuestro corazón al Señor» (Ef. 5:19, VBJ); y «¿Sufre alguno entre vosotros? Que ore. ¿Está alguno alegre? Que cante salmos» (Stg. 5:13, VBJ). Pablo y Silas, estando en la cárcel, a media noche se pusieron a orar y cantar himnos a Dios (Hch. 16:25). También el libro del Apocalipsis (5:9) invita a todos los redimidos a cantar un «cántico nuevo».

Por otro lado, en el siglo II, Plinio el Joven testifica que los cristianos se reunían antes del amanecer «para cantar un himno a Cristo, como a un dios». En estos primeros siglos del cristianismo se compusieron muchos himnos, de algunos de ellos quedan vestigios; otros nos han llegado completos como el *Phos hilaron* y el *Gloria in excelsis*. El *Phos hilarion*, que significa «luz que alegra», se usa en el servicio de vísperas en la Iglesia anglicana. El *Gloria in excelsis*, o «gloria en las alturas», es de autor y fecha desconocidos, y se usa en las misas, excepto en el Adviento y en la Cuaresma. Los Padres de la Iglesia invitan a cantar siempre. Notable es San Agustín: «Siento que aquellos textos sagrados, cantados así, constituyen un estímulo más fervoroso y ardiente de piedad para nuestro espíritu que si no se cantaran».

Después de la paz constantiniana, se impuso la moda de cantar los salmos responsorialmente. Se cree que fue San Ambrosio de

Milán (339-397) quien introdujo esta modalidad. Se escoge un verso del salmo para que el pueblo lo cante como respuesta a los que canta el solista. Los salmos se cantaban en toda ocasión: entre las lecturas de la eucaristía, en las vigilias, en los oficios de la mañana y de la noche, en las procesiones, incluso en los campos y en las casas.

En la Edad Media, con la decadencia en la liturgia, la música y el cántico quedaron reservados para los clérigos y los monjes. El pueblo quedó relegado a escuchar bellas composiciones musicales. Con la reforma litúrgica carolingia se difundió el canto *gregoriano* por todo el mundo latino. La atribución de este canto al papa Gregorio el Grande es muy discutida. En el siglo XI aparece el canto polifónico que se impuso en todo el cristianismo. A ello contribuyeron posteriormente excelentes obras, especialmente misas de grandes autores como Haydn, Mozart, y Bethoven. Las misas cantadas asumieron una importancia de primer orden.

Digno de toda alabanza es el esfuerzo realizado por Lutero y otros reformadores por devolver el canto al pueblo. Su contribución fue grande. Lutero afirmó que «después de la palabra de Dios, el noble arte de la música es el mayor tesoro del mundo. Controla los pensamientos, las mentes, los corazones, y los espíritus». Los himnos de Lutero se cantan en las iglesias de todo el mundo, uno de los más famosos es «Mighty Fortress is Our God» (Poderosa fortaleza es nuestro Dios). Zuinglio también fue un experto; sin embargo, cuando observó que el magnífico órgano de la catedral de Zurich se usaba para dar conciertos musicales en los servicios, lo destruyó. Por su parte, Calvino eliminó la música en la adoración, mas ésta se convirtió en algo tan frío y estéril que tuvo que volver a restaurar el cántico pidiendo que fuera sencillo, modesto y sin alardes espectaculares. Se ha dicho que el metodismo nació cantando, y en verdad los himnos de Juan y Carlos Wesley contribuyeron a difundir la fe cristiana a través de todo el Imperio británico. Carlos escribió más de seis mil himnos, muchos de los cuales todavía se encuentran en los himnarios protestantes de las diferentes confesiones. Tanto Juan como Carlos buscaban la participación del pueblo por ello no querían coros ni instrumentos musicales en la asamblea. A Isaac Watts se le considera como el padre de la himnología inglesa, uno de sus himnos más famosos es «O God Our Help in Ages Past». Y no olvidemos el famosísimo «Amazing Grace» (Sublime gracia) de Juan Newton.

En la Iglesia católico romana, antes del concilio Vaticano II, todavía predominaba el canto gregoriano y la polifonía. El autor más famoso de este tiempo fue Palestrina. Mientras tanto el pueblo seguía escuchando. Con el Vaticano II, cambian las cosas; ya no habrá divorcio entre música y liturgia. De ahora en adelante, liturgia y música formarán parte de una misma acción expresiva en la que toda la asamblea ha de participar. El documento conciliar no se pronunció en favor de ningún estilo artístico, sin embargo indicó que las expresiones debían ser «dignas, elegantes y bellas, signos y símbolos de las realidades celestiales» (SC 122) y, en el caso de la música, que «respondan al espíritu de la acción litúrgica» (SC 116).

El canto ha de contribuir a formar comunidad. Ningún otro signo litúrgico manifiesta tan patentemente el espíritu comunitario de la asamblea como el canto. Al cantar se superan todas las barreras y diferencias, todos los individualismos, y se crea una sintonía que une los corazones. Por ello, no andan muy acertadas las congregaciones que dan conciertos corales durante los servicios eucarísticos. Ello invita al pueblo a la admiración y al silencio, cuando el verdadero objetivo de la celebración es la participación.

El canto ha de servirse de la función poética del lenguaje. La palabra hablada y cantada son dos modos diferentes de expresión. La palabra hablada busca una utilidad inmediata. El canto, lo mismo que la poesía, contiene mensaje en sí mismo. En este sentido, estoy totalmente de acuerdo con Juan Varela, cuando nos dice en su *Culto cristiano* que «ya sean himnos o cantos de alabanza, debiera ponerse especial interés en el texto que se canta, pues muchas veces o son teológicamente incorrectos o no contienen mas que fórmulas repetitivas carentes de profundidad». Con todo, como apunta Samuel Soliván en *¡Alabadle!*, en las iglesias pentecostales esos coritos «cortos y repetitivos» tienen la función de alabar al Señor, no pretenden incluir teología en ellos. El himnario más popular entre los pentecostales es *Himnos de gloria y triunfo* (editorial Vida, Miami). Algunos de los cantantes actuales más conocidos entre pentecostales y evangélicos son: Marcos Witt, Danilo Montero, Armando Flores, grupo Torre Fuerte, Marco Barrientos y Carman. Se puede afirmar, sin lugar a dudas, que una de las grandes influencias del movimiento pentecostal-carismático ha sido en la música.

Por otro lado, hay letras de himnos famosos que contienen una teología tan desfasada que piden a todas luces una actualización. Modernamente, alguien, sin dominio del lenguaje y de la poesía, por hacer inclusivas las letras de algunos himnos famosos, no han hecho más que destruirlos.

El espíritu comunitario y poético creado por el canto y la música contribuyen, también, a crear un ambiente festivo que ha de manifestar las alegrías celestiales. En realidad toda la celebración cúltica debiera expresar vivamente un ambiente festivo y de gozo, por la convicción de seguir a un Cristo no clavado ya en la cruz, sino triunfante en el cielo.

En la asamblea litúrgica podemos diferenciar algunas expresiones cantadas como el himno (el cántico más popular), las aclamaciones (como las aleluyas y algunos estribillos pentecostales y evangélicos); y la salmodia (que es una recitación de los salmos que invita a la meditación).

La renovación litúrgica llevada a cabo en los últimos cuarenta años produjo una proliferación de música difícil de sintetizar. Y como siempre, muchos de esos cánticos son buenos —con una letra poética y expresiva—, mientras otros son pobres y otros malos. Raquel Gutiérrez-Achón, editora del himnario episcopal, cree que la mejor música de los últimos años ha salido de España. Es rica en melodía y armonía. Queremos mencionar a algunos compositores que por su popularidad son de la aceptación de todos: Francisco y Tomás Aragüés, Carmelo Erdozain, Juan Antonio Espinosa, Mariano Fuertes, Cesáreo Gabaraín, Joaquín Madurga, Miguel Manzano, Emilio Vicente Matéu, Alejandro Mejía, Francisco Palazón, Carlos Rosas. Las composiciones de todos estos autores se encuentran en el himnario *Flor y Canto* (Oregon Catholic Press), que se ha hecho popular en Estados Unidos y que refleja más bien una orientación católico romana. Algo práctico que hemos observado en el *Libro de Liturgia y Cántico* de la Iglesia evangélica luterana en América es que los cánticos están con música en la parte superior de la página y sólo en letra al pie de la misma.

En l998, en la Iglesia episcopal apareció *El himnario* como resultado de un proyecto cooperativo ecuménico de la Iglesia episcopal, la Iglesia presbiteriana (U.S.A.) y la Iglesia Unida de Cristo. Un libro excelentemente presentado, pero no aceptado popularmente (al menos en la Iglesia episcopal). Un compositor que trabajó muy de cerca con la Iglesia episcopal fue el mexicano Skinner Chávez-Melo, quien editó *Albricias, colección de 38 himnos para congregaciones de habla hispana* (1987), y también compuso la *Misa Xochipilli* (1987).

Hasta hace unos años, las Asambleas de Dios contaban principalmente con dos himnarios para los cultos hispanos, *Himnario de gloria* e *Himnario de arpa y voz;* con la moda del «grupo de adoración y alabanza» se han suprimido esos libros. Frecuentemente, un grupo de cuatro o cinco cantores, micrófonos en mano, y unos músicos rasgando guitarras, golpeando tambores, y con un piano electrónico, dirigen la alabanza. La música consiste en repetir una frase. Este es el estilo pentecostal. Uno de los cantantes y compositores más conocido en esta tradición es el ya mencionado Marcos Witt.

En la Iglesia metodista los latinos han aprendido himnos de la tradición musical wesleyana. En l956 ya contaban con un himnario. En l973 se publicó otro adaptado al crecimiento hispano y sus demandas. En l979 apareció *Celebremos,* y en l983 *Celebremos II,* ambos editados por Roberto Escamilla. A fines del siglo pasado se formó un comité conjunto de metodistas y discípulos, bajo la dirección de Raquel Mora Martínez como editora, para preparar un nuevo himnario. El resultado fue la publicación, en 1996, del himnario metodista *Mil voces para celebrar,* y del himnario de los discípulos, *Cáliz de bendición.* Los criterios seguidos para estas últimas publicaciones fueron: una teología sólida, buenas cualidades poéticas y musicales, lenguaje inclusivo, concientización con los valores espirituales y seculares, integridad de pensamiento y música que reflejara el carácter hispano. Según la información presentada por María Luisa Santillán Baert en *¡Alabadle!,* los himnólogos y compositores más notables entre los metodistas son: Vicente Mendoza, Federico Pagura, Mortimer Arias, Raquel Mora Martínez, Pablo Sosa, Justo L. González, Manuel V. Flores y Raquel Gutiérrez-Achón.

C. *Las vestiduras eclesiásticas*

En la ambientación para el culto influyen muchos elementos. Unos son más importantes que otros. Las vestiduras de los oficiantes, aunque de carácter secundario, sirven para ambientar, y para diferenciar la función de cada uno de los participantes. Además, así como por el vestido podemos conocer en cierto modo a la persona que lo viste, también así por las vestiduras eclesiásticas se puede, de alguna manera, develar el misterio que se está celebrando.

Al principio del cristianismo no existían vestiduras eclesiásticas, porque no había diferencia de las que vestía el pueblo ordinario. Los santos Padres exigían que los asistentes al culto llevaran vestidos limpios y dignos del momento, y más se esperaba de los diáconos, presbíteros y obispos. San Jerónimo dice que los clérigos no deshonran a Dios por llevar al culto túnicas blancas y más hermosas de lo ordinario, al revés dignifican la celebración. Los *Cánones de Hipólito* afirman expresamente que las personas ordenadas y los lectores, «vayan vestidos con vestiduras blancas y más bellas que las del resto del pueblo». Estas vestiduras eran normalmente de lino blanqueado y hacían referencia a las prescritas en el Antiguo Testamento para los sacerdotes (Lv. 16:4).

En general, los primeros cristianos tendían más a vestir el alma con virtudes, que el cuerpo de vestidos especiales. Sin embargo, dos factores contribuyeron a un cambio en la indumentaria eclesiástica. El primero fue la legalización del cristianismo como religión permitida en el Imperio y la voluntad de Constantino de reconocer a los obispos con los mismos honores que a los magistrados civiles. Los obispos, de repente, empezaron a usar, como símbolo de su oficio, las sandalias de los senadores, la dalmática o vestido, a modo de túnica ancha, y el palio ceremonial o banda circular decorada con seis cruces que se colocaba en torno al cuello. El segundo factor vino dado por la invasión de los pueblos germánicos a partir del siglo V, que vestían pantalones debido a los climas más rigurosos del norte. Dado que el pueblo cambió de estilo de vestir, también los clérigos se adaptaron. Sin embargo en las funciones litúrgicas siguieron usando las vestiduras tradicionales a las que estaban acostumbrados. Hoy día los renuentes a usar las vestiduras eclesiásticas, que consideran algo innovador y no original, al vestir al modo secular en realidad usan la indumentaria importada por los bárbaros, y rechazan las más primitivas del cristianismo.

Durante la Edad Media, se olvidó el origen de las vestiduras, y se inició una tendencia a interpretar el uso y origen de ellas, relacionándolas con la pasión de Cristo, o con otras gracias y virtudes cristianas. Los reformadores, aunque no todos, rechazaron las vestiduras, o la mayoría de ellas, por formar parte de una doctrina que en general no aceptaban. Sin embargo, como en otros casos parecidos, estaban rechazando no lo medieval sino lo primitivo. Hoy día, como ya se ha indicado en otros lugares, con mejores estudios críticos históricos, las confesiones cristianas se encuentran más dispuestas a aceptar vestiduras que contribuyan a la ambientación del culto.

Las vestiduras eclesiásticas contribuyen a comunicar un mensaje en un ambiente cultural. Deben ser funcionales para que marquen las diferentes funciones de los participantes, y deben ser hermosas para que reflejen la belleza de Dios. Nada de esto debe hablar de ostentación, ya que la congregación lo único que desea es manifestar y admirar la belleza de Dios. Más aún, los mismos feligreses, comprando materiales dignos, pueden contribuir a la confección de las vestiduras. Esta sería otra manera de alabar y honrar a Dios.

D. El simbolismo de los colores

Recuerdo cómo un domingo, al vestirme para iniciar la santa eucaristía, una niña de unos siete años me preguntó por qué me vestía de verde y el otro día estaba de blanco. Este es un detalle que nos debe llevar a reflexionar sobre cómo nada pasa desapercibido en el templo. Todo elemento relacionado con el culto ejerce una función simbólica y educativa. Veamos el origen y simbolismo de los colores empleados en la liturgia.

En tiempos de Tertuliano (150-220) la cultura popular asociaba colores a las cuatro estaciones del año: el blanco a la nieve del invierno, el verde a la fertilidad de la primavera, el rojo al sol del verano, y el azul a los oscuros cielos del otoño. Así como el blanco indicaba alegría y felicidad, los colores oscuros connotaban tristeza y luto. El negro probablemente se identificó con la muerte porque en el Medio Oriente antiguo, manifestar dolor en los funerales incluía revolcarse por el suelo, así que los vestidos se tornaban oscuros al llenarse de tierra y polvo. De hecho, los antiguos escritores de la Iglesia criticaban severamente a los cristianos por falta de fe, si en períodos de luto se vestían de negro en vez del blanco simbolizando la resurrección de Cristo.

El papa Inocencio III (1198-1216) fue el primero en establecer un canon de colores litúrgicos para la iglesia local de Roma: el blanco para las fiestas del Señor y de santos; el rojo para Pentecostés, fiestas de la cruz, los apóstoles y mártires; el negro para el luto y tiempos de arrepentimiento (Adviento y Cuaresma); verde para todos los días sin fiesta especial. El concilio de Trento adoptó ese canon con algunas modificaciones. Con la Reforma del siglo XVI la utilización simbólica de los colores desapareció en muchas confesiones cristianas. En la anglicana se restableció a mediados del siglo XIX con el *Movimiento de Oxford*, un grupo de clérigos asociados a la universidad de Oxford que inició una campaña para renovar y avivar el espíritu eclesial católico.

Hoy día el mismo sistema de colores se usa, con pequeñas variantes, en las confesiones luterana, anglicana-episcopal y católico romana. A continuación daremos en más en detalle el uso y simbolismo de los colores.

Blanco. Desde tiempos antiguos, cuando los egipcios y otros pueblos adoraban al sol, el uso del color blanco ha estado asociado a la luz y a la vida divina. Así los sacerdotes de Israel se vestían de blanco para simbolizar la «gloria» de Dios. Los romanos, especialmente el día del cumpleaños, se vestían con vestiduras blancas para expresar su deseo de vivir moralmente puros y alcanzar una vida eterna con los dioses.

El Nuevo Testamento también asocia el blanco a la divinidad. En la transfiguración los vestidos de Jesús «se volvieron resplandecientes, muy blancos, como la nieve, tanto que ningún lavador en la tierra los puede dejar tan blancos» (Mc. 9:3) y (Ap. 7:14). Hacia el siglo IV ya se había establecido como costumbre poner una vestidura blanca a los recién bautizados para simbolizar su participación de la gloria de Dios. Para los primeros cristianos, el blanco también significaba un alto grado de virtud y pureza doctrinal.

Hoy el blanco se usa para las fiestas del Señor, de la Virgen, de los santos no mártires, en los bautizos y las bodas y, en EE.UU., también en los funerales. El blanco, además de lo ya indicado, simboliza la presencia en la comunidad cristiana del Señor resucitado. El color oro, que se usa algunas veces, tiene todas las equivalencias del blanco.

Rojo. Se usa el domingo de Pasión (Ramos), el Viernes Santo, Pentecostés, y fiestas de los apóstoles, evangelistas y mártires. Este color refleja la ardiente intensidad del amor de Cristo en su muerte en la cruz, la sangre derramada por los mártires, y el fuego del Espíritu derramado sobre todo el cuerpo místico de Cristo.

Púrpura. Se usa en Cuaresma y Adviento (algunas iglesias, siguiendo el rito Sarum, usan el azul en Adviento). También, en algunas diócesis del mundo cristiano, se usa este color en los funerales. Este color sombrío simboliza la realeza de Cristo (Jn. 19:1) y cómo se cumplió esa realeza a través del sufrimiento.

Verde. Este color se utiliza el resto de los días y domingos del año conocidos como «ordinarios» o «propios». Simboliza crecimiento y desarrollo espiritual.

Podemos decir que el color contribuye a resaltar la calidad e importancia de la celebración litúrgica. Con frecuencia, en ocasiones festivas se usan estolas multicolores de procedencia latinoamericana, así como sarapes y otras prendas típicas de otras culturas. El color debe responder a la dignidad y elegancia de las vestiduras litúrgicas. El color, las vestiduras y todos los símbolos usados en la liturgia, deben servir únicamente para manifestar y realzar el misterio religioso y divino que se celebra.

E. *Gestos litúrgicos*

El acto de adoración es una manifestación de todo el ser humano. El espíritu se expresa externamente por medio de formas verbales (lenguaje) y no verbales, llamadas gestos. La condición social del ser humano le impulsa necesariamente a comunicarse. Al vivir con otros en comunidad se relaciona normalmente con palabras que, al ser proferidas por un cuerpo, van acompañadas de gesticulaciones corporales. En ciertos momentos el gesto se convierte en el lenguaje más expresivo, y las palabras casi no pueden añadir nada. En otros momentos, el gesto complementa a la palabra, o la enfatiza.

Tanto las palabras como los gestos se aprenden. Al nacer somos inexpresivos, y aunque el primer gesto sea de lloro, se trata más de algo instintivo, para empezar a respirar, que de algo expresivo. Sin embargo, poco a poco vamos aprendiendo tanto el lenguaje como los gestos propios del medio cultural en que crecemos. Las palabras y los gestos aprendidos son convencionales. Si cambiamos de ambiente hemos de aprender el lenguaje que domina en ese nuevo lugar.

Lo dicho es válido para cualquier circunstancia humana. Tanto en el trabajo, como en la calle, como en el templo, el ser humano se expresa ordinariamente con palabras y gestos.

En todo acto de adoración se dan palabras y gestos. Las palabras pueden ser espontáneas o tomadas de libros sagrados (Biblia, Corán, misales, libros de oración, etc.). Los gestos son propios de cada lugar, con significación propia y válida dentro de una cultura determinada.

Si leemos atentamente la Biblia, veremos que a cada paso se mencionan gestos cúlticos con profundo significado religioso. Así podemos afirmar que algunos de los gestos usados en los servicios de oración son bíblicos, otros son debidos a un ambiente cultural.

Cuando hablamos de los sacramentos y sacramentales, ya indicamos algunos gestos cúlticos como baños rituales, bendiciones, imposiciones de manos, unciones con óleo, imposición de ceniza, elevación de manos, romper el pan, ofrecer el vino, y otros.

En la adoración todos debemos tomar parte activa. Vamos a adorar, a participar, no a observar. Tanto la asamblea como los ministros van a usar gestos, y cada uno lo hace según la función que ejerce. Los gestos han de manifestar genuinamente el acto de alabanza que estamos realizando. Así pues, se han de realizar con reverencia, cuidado y convicción. Hay gestos tradicionales y otros que se van incorporando por el fenómeno de inculturación que estamos viviendo. He aquí algunos gestos litúrgicos:

1. Posturas. En las posturas, el cuerpo entero se mantiene en cierta posición por un período de tiempo, como el estar de pie, el arrodillarse, el sentarse:
- Estar de pie significa primariamente respeto. Ésta ha sido la postura tradicional judeo-cristiana. «Entonces Esdras abrió el libro a la vista de todo el pueblo... y al abrirlo, todo el mundo se puso de pie. Entonces Esdras alabó al Señor, el Dios todopoderoso, y todo el pueblo, con los brazos en alto, respondió: 'Así sea, así sea.' Luego se inclinaron hasta tocar el suelo con la frente, y adoraron al Señor» (Neh. 8:5-6, DHH). En los evangelios ésta es también la postura preferida para orar: «Y cuando os pongáis de pie para orar...» (Mc. 11:25, VBJ) y «El fariseo, puesto en pie, oraba consigo mismo...» (Lc. 18:11).

Los primeros cristianos oraban de pie los domingos y todo el tiempo después de la Pascua de Resurrección. Era un tiempo de alegría en el Cristo resucitado.

- Arrodillarse significa súplica y adoración. «Entonces aquel siervo, postrado, le suplicaba...» (Mt. 18:26). Y el Salmo 95:6 entona: «Venid, adoremos y postrémonos; arrodillémonos delante de Jehová, nuestro hacedor». Y Pablo dice a los de Éfeso que dobla sus rodillas ante el Padre (Ef. 3:14) en adoración.
Ésta también es una postura que indica humildad y penitencia. Y así se hizo popular durante la Edad Media. Hoy prevalece más el estar de pie.
- Sentarse indica presencia y descanso, y es comúnmente usado por el que preside con autoridad el acto cultual y enseña (Mc. 14:62; Mt. 5:1; Lc. 4:20). También es muy apropiado para la asamblea mientras recibe instrucción, así como para momentos de meditación.

2. Acciones:
- Inclinación. Inclinar la cabeza o la mitad del cuerpo, manifiesta una actitud de respeto y reverencia hacia una persona u objeto. Es muy común en los libros del Antiguo Testamento (Ex. 23:24; Sal. 86:1, etc.). Tradicionalmente se ha inclinado la cabeza para recibir bendiciones. La inclinación profunda de pecho, apropiada en momentos breves de adoración, es muy popular en la liturgia oriental. En Occidente se ha usado más la genuflexión, aunque modernamente se está imponiendo la inclinación profunda.
- Genuflexión. Esta acción es una forma abreviada del arrodillarse. Los primeros cristianos la rechazaron por la asociación que tenía con la adoración del emperador, y en algunos casos por la burla hecha a Jesús en su pasión (Mt. 27:29; Mc.15:19). En el siglo IV se hizo popular al usarse como signo de veneración de la cruz el día de Viernes Santo.
- Procesión. Esta acción puede implicar a cierto número de personas o toda la asamblea congregada. He aquí algunos ejemplos. Durante la misa: procesión de entrada, procesión del evangelio, procesión del ofertorio, procesión de la comunión, procesión de salida. Hay procesiones de tipo festivo, como en una boda, o la celebración de una quinceañera; de tristeza, en los funerales; de veneración, como el día de Viernes Santo; de candelas y luz, el día

de la Presentación; de ramos, el domingo de Pasión; de alegría y gozo, como en la Vigilia pascual de Resurrección. Por lo general, se recita una letanía en las procesiones, o se canta algo que indique el carácter de la misma, también se puede ir en silencio.

• Movimientos rítmicos. Esta acción participaría en cierto modo de la acción procesional. Se le añade el movimiento rítmico del cuerpo acompañado de música. Este estilo se está imponiendo donde es propio de la cultura. Así, en ciertos lugares de África y de América Latina es común el tener danzas litúrgicas al principio, al final o durante los servicios de adoración. En el ambiente latino, son populares las danzas de los matachines.

3. Gestos: En los gestos usamos alguna parte del cuerpo, como la mano, para expresar una actitud interior, con un fin simbólico, como el bendecir.

• Elevación de las manos y de los ojos. Este es el gesto clásico de la oración. Así lo demuestra Jesús en el Evangelio: «levantó los ojos hacia el cielo» (Mt. 14:19; Mc. 6:41; Lc. 9:16; Jn. 11:41). Y Pablo pide a la comunidad que ore elevando las manos (1 Ti. 2:8). En los primeros siglos del cristianismo éste fue el gesto preferido por los cristianos para orar. Sin embargo, durante la Edad Media, al imponerse la genuflexión, los fieles cesaron de elevar las manos y los ojos, y para orar o juntaban las manos o se ponían de brazos. Modernamente, con el movimiento pentecostal-carismático, el pueblo está recobrando la primitiva costumbre de elevar los brazos. Durante la misa ya mucha gente mantiene los brazos elevados durante la recitación del padrenuestro.

• Los besos dirigidos al altar, al Evangeliario o libro de los evangelios, o la cruz, demuestran reverencia y respeto por esos objetos. En el antiguo mundo Mediterráneo el beso era común en el saludo ordinario. Jesús se quejó de no haber recibido tal beso (Lc. 7:45). El beso de la paz indica paz interior, reconciliación y unidad de todo el pueblo redimido de Dios. Los primeros cristianos lo usaban también como clausura de las oraciones que habían precedido. San Justino Mártir afirma: «Terminadas las oraciones, nos saludamos con un beso». Y Tertuliano preguntaba: «¿Qué oración es completa sin el beso santo?» Por ello, modernamente se tiende a colocar el beso de la paz al terminar la predicación o la liturgia de la palabra.

- La señal de la cruz o persignar. Es el gesto distintivo de los católico romanos. Por él se muestra unión con Cristo y discipulado. Se puede hacer sobre uno mismo (*persignarse*) o sobre una cosa (*signación*); o también en el aire para bendecir o invocar la gracia divina. Los primeros cristianos lo usaban con mucha frecuencia marcando la cruz en la frente. La costumbre de hacer tres cruces: en la frente, en los labios y en el pecho, se origina en el siglo XI.
- La extensión de las manos al bendecir indica la transmisión del poder de una persona a otra o a toda la asamblea. «Israel extendió su mano derecha... y su mano izquierda... y bendijo...» (Gn. 48:14,15) «...mientras extiendes tu mano para que se hagan sanidades, señales y prodigios...» (Hch. 4:30). La imposición de las manos en algunos ritos sacramentales es el gesto afín al indicado e implica el mismo significado.
- El extender la mano para recibir la comunión era el gesto usado por los primeros cristianos, y el que se va imponiendo en nuestros días.

Conclusión

En las páginas de este libro se ha ofrecido una visión histórica de cómo se ha desarrollado el culto, específicamente el de la religión cristiana. No hemos entrado en demasiados detalles ni tampoco se han tocado todos los temas de actualidad, aunque algunos de ellos se han mencionado de pasada. Eso queda para un estudio ulterior, porque la expresión cúltica sigue evolucionando y manifestándose de diferentes formas.

Esta visión histórica nos demuestra que el ser humano, incluso estimulado por buenas intenciones, puede caer en errores y desvíos, pero siempre está a tiempo para reanudar el camino recto. Esta es una obligación de todos. Hoy contamos con medios excelentes de estudio y de comunicación que nos pueden conducir a un acercamiento en la adoración divina. No es necesaria la uniformidad, pero sí es conveniente un acercamiento que indique que somos hermanos y que adoramos todos al mismo Dios. De hecho ese acercamiento se ha venido desarrollando durante los últimos cincuenta años. Continuemos la obra.

Obras consultadas y recomendadas

BARRY, James C. and GULLEDGE Jack, editores, *Ideas for Effective Worship Services* (Convention Press, Nashville, Tennessee, 1977). Nueve escritores participan en esta obrita de orientación bautista. Escrita al final de los setenta. Ofrece valiosas ideas válidas para todos los tiempos y todas las confesiones cristianas.

Concilio Vaticano II, Constituciones. Decretos. Declaraciones. Documentos pontificios complementarios. Edición bilingüe en latín y en español. (B.A.C., Madrid, 1965).

F.L. CROSS, editor. Tercera edición editada por E.A. LIVINGS-TONE, *The Oxford Dictionary of the Christian Church* (Oxford University Press, New York, 1997).

FINK, Peter E., S.J., editor, *The New Dictionary of Sacramental Worship* (The Liturgical Press, Collegeville, Minnesota, 1990). Excelente obra de consulta en la que han contribuido ciento sesenta y cuatro especialistas en la materia. Cada aportación ofrece referencia de los estudios más actualizados sobre el tema.

GONZÁLEZ, Justo L., editor, *¡Alabadle! Hispanic Christian Worship* (Abingdon Press, Nashville, 1996). Como el título sugiere, es un libro orientado al culto dentro de un ambiente hispano tal como se desarrolla en templos católicos, pentecostales, metodistas, bautistas. Además de Justo L. González, han contribuido: Allan Figueroa Deck, S.J., Samuel Soliván, María Luisa Santillán Baert, Miguel Angel Darino, Teresa Chávez Sauceda, Raquel Gutiérrez-Chacón y Pablo A. Jiménez.

HATCHETT, Marion J., *Commentary on the American Prayer Book* (Harper Collins Publishers, New York, 1995). Edición de estudio crítico sobre el *Libro de Oración Común* de la Iglesia episcopal. Se trata de la mejor obra crítica hasta el presente del L.O.C.

JONES, Cheslyn; WAINWRIGHT, Geoffrey; YARNOLD S.J., Edward; BRADSHAW, Paul, editores, *The Study of Liturgy* (Oxford University Press, New York, 1992). A esta obra revisada han contribuido veintiséis especialistas de varias confesiones cristianas. Se publicó primero en 1978 por la SPCK. Es un estudio científico crítico de la liturgia y de la situación actual en toda la Iglesia cristiana. Se ofrece abundante bibliografía y referencias científicas de primera categoría.

LÓPEZ, Martín, J., *La liturgia de la Iglesia* (BAC, Madrid, 1994). Esta obra da una visión completa y detallada de la liturgia en la Iglesia, y de la reforma moderna efectuada en el culto de la Iglesia católica. Forma parte de una serie de manuales de teología publicados por la prestigiosa editorial Biblioteca de Autores Cristianos. Dentro de la sección sacramental hay otros seis libros dedicados al estudio de los sacramentos y de la liturgia. Son trabajos de rigor científico, todos con abundante bibliografía y estudios sobre el tema.

REDMAN, Robb, *The Great Worship Awakening, Singing a New Song in the Postmodern Church* (Jossey-Bass, A Wiley Imprint, San Francisco, 2002). Excelente obra para conocer la situación contemporánea del culto. Se tocan temas de suma actualidad como: «The seeker services»; etnicidad y cultura en el moderno despertar cultual; una visión del post-modernismo; la cultura popular y la adoración; una teología del despertar cúltico; fuentes y estrategias para una innovación en el culto.

VARELA, Juan, *El culto cristiano, origen, evolución, actualidad* (Editorial Clie, Barcelona, 2002). Librito sencillo, escrito con intención ecuménica. Reconoce que todos podemos contribuir a entendernos mejor en el campo de la adoración.

WEIL, Louis y PRICE, Charles P., *Liturgy for Living* (Morehouse Publishing, Harrisburg, 2000). Delicioso libro sobre liturgia, enfocado hacia el *Libro de Oración Común* de la Iglesia episcopal.

WILLIMON, William H., *Worship as Pastoral Care* (Abingdon Press, Nashville, 1979). Obra orientada a la pastoral, acentuando los aspectos litúrgicos que tienen resonancia en la vida pastoral y espiritual de los fieles.